林 秀彦

Hidehiko Hayashi

911・考えない・日本人

SEIKO SHOBO

911と私

はじめに

これは『トリフィドの日』だ

誰でもケネディ大統領が暗殺されたニュースを知ったとき、自分がどこで何をしていたか覚えているという。私も覚えている。一九六三年十一月二十二日。

911もまた同じ例として、それぞれの人生に刻みこめられている。だが私は知らなかった。入院し、死線をさまよっていたからだ。

しばらく経ち、退院する間際に、なんとなく知った。誰かが教えてくれたのだろうが、記憶にない。自分が反応を示した記憶もない。

後になって私は、この事件を思うたびに、若い頃の愛読書、ジョン・ウィンダムの『トリフィドの日』を思い出すのだった。

このSFは宇宙から飛来した生物の発光する物体を夜空に見た地球上の大半の人間が、後に目が見えなくなる。たまたまその現象が続いた数夜、炭鉱夫で地下にもぐっていたとか、目の手術を受け、巻かれた包帯でその光を見ないですんだような人のみが、盲目にならずにすんだという設定で始まる恐怖小説だった。地球征服の目的を持つこの植物侵略者は、まず人類の目を見えなくさせ、抵抗をほとんど不可能にしたうえで人類皆殺しに着手する。だからこの不気味で強力な侵略生物の姿が見えるのは、ほんの一部の人間に限られ、故に人類の勝ち目はほとんどなくなるのだ。

退院し、自宅に戻った私は、そろそろとこの事件に興味を持ち始めた。あまりにも周囲が騒いでいたからだ。

人の噂も七十五日という諺《ことわざ》は世界中共通していて、私の住んでいたオーストラリアでも同じなのだが、それにしてはこの話題はなかなか下火にならなかった。もっとも私はその頃（今でも同じだが）、あまり生きる情熱も気力もなかったから、古い雑誌を見たり、時たま（今から思えば実にいんちきな）検証風景とか、ビル崩壊のメカニズムなどという、胡散《うさん》臭い情報を押し付けられていた。三カ月ほど経ち、やっと体調がある程度回復したとき、私は初めて二機のジェット機がワールド・トレードセンターに突っ込む、例の有名な映像を見た。そして思ったものだ。これは『トリフィドの日』だったと。

私はその小説の主人公と同じように手術を受けている最中で、たまたまこの現代版エイリアンの発した魔の光線を見ていなかった。他の大部分の人類は、地球のどの側であろうと、テレビ・ビデオ映像というメガ・マシーンを使わされ、絶対的な強制とほぼ変わりない形式で、その「911光線」を網膜に焼きつけられてしまった。彼らは一様に眩惑され、精神盲目症に陥り、その後何ひとつ侵略者の真の姿、正体を見ることができなくなった……。

そう感じた。

私はそれまで気づかないでいたウィンダムの小説に描かれていた隠喩に気づいたのだ。もしかすると深読みの一種なのかもしれないが、このSF作家の作った状況、侵略エイリアンと、盲目にさせられた人類の関係は、単なる設定の面白さだけではなかったのではないか、と。植物侵略者は、棘針《とげばり》を身体から飛ばし、好きなときに人間を攻撃し、致命傷を負わせることができる。何しろ人間には敵がどこにいるのかも見えないのだし、相手は巨大な樹木みたいなものだから、戦いようがない。かくして地球はどんどん彼らに蹂躙《じゅうりん》され、占有され、自分たちの子孫を増やす拓殖培養地と化していく。

せめて、目が見えたら——。

だが、あの日、二〇〇一年九月十一日のアメリカ時間での午前、全地球上のほとんどの人間が、このトリフィドの発した光線で目を焼かれてしまっているのだ。その後で、一体何を見ることができるだろう。敵の正体が、化け物植物だなどと、目で見ずにどうやって想像することができるだろう。

だが、暗い病室でベッドに縛り付けられていた私は、そのおかげで、この三機の物体が、人の想像するような民間航空機でないこと、ペンタゴン《米国防総省ビル》に開いた穴はあまりにも小さく、たぶん火星産の蛆虫がのたくりながら穴を開けてもぐりこんだに違いないし、トレードセンターの二機は、なにやら妙に真っ黒けで、木星の炭焼き爺さんが焼きそこなった練炭だったに違いないとわかったのだった。

小説の中の主人公の名前はウィリアム・メイソン、歳は私よりずっと若いからまず一人で戦いを始める。はじめのうちは孤軍奮闘、何度も命の危険に遭いながらも、人類を救う使命感に駆り立てられる。そのうち、彼と同じように失明を逃れることができた仲間が集まり、ほぼ勝ち目のないイルミナティに向かって、果敢にも――?

え？　どこからイルミナティが出てきた？

三年かけての謎解き

とにかく私は、最初から冷静でいることができた。自分の寿命の長さが判断できていたから（そのために帰国したのだが、大失敗だった。だが、その話はまた別のことだ……）、死後の地球がどうなろうと、あまり関係があるように思えなかった。

私はぼちぼちと、他の惑星の出来事のような気分で911を研究しだした。〝遅れてきた青年〟の幸運で、そのころになるとすでに真相疑惑に関する書籍がたくさん出始めていた。玉石混淆だったが、最初の目くらましに遭っていない分、焦ることもなかった。また、後で知ったのだが、オーストラリアは日本と比べ物にならぬほどに多くの資料が出回っていた。やはり同じ英語圏だからだろう。もし本当にアラブ・テロの仕業だとすれば、彼らもターゲットにされる余地は充分にあったのだ。

子供のときから私は謎解きが大好きだった。生まれつきの性癖に違いない。まだ小学校に入らぬ前から、蓋をされたもの、密封されこじ開けられるものは、なんでもお構いなしに分解し、開けた。何度叱られても、時計数個、父親の万年筆数本、電話機二台、祖父が日露戦争で使った拳銃一丁を分解した。その経歴をかけ、私は閑にまかせて蓋をこじ開けた。三年かけて、911はブッシュの嘘、しらばっくれ、破廉恥、大悪人、ニンピ人であることを確信した。無論アメリカ大統領なぞ《彼ら》の使いっ走りで、それでもこれだけの悪名勲章がつくのだから、親分連は人間ではなく、やはり予想通りトリフィドだったのである。

いまさら私は光線に網膜をやられた諸氏に、トリフィドの落とした葉っぱの二、三枚を提供しようとは思わない。彼らの地球上に張り巡らした根っこは、すでにあなたの住まいの地下三メートルのところにとぐろを巻いている。どんどん新しい芽も出している。ウィンダムの兄貴分のようなイギリスのSF作家、H・G・ウェルズは一八九四年にすでに予言している。

「いまこの瞬間にも来るべき人類の災害はまさに跳躍しようと身構え、人類の滅亡は目前に迫っているかもしれない。いままでの地球の各時代の生物の運命が示すように、繁栄は没落の前兆だからだ」

だが最近、私はしみじみと考えている。果たして人類は繁栄したのだろうか？　その上での終末なのだろうか？

ただ言えることがある。あなたがたは、あの夜空の流星群を見たために失明している。だからあなたのすぐそばに根を下ろしているトリフィドの姿は見えない。

しかし、９１１が少なくとも人類の繁栄を象徴していないことだけはわかるはずだ。

そして太陽が西から昇るのと同じ確率で、あの事件がブッシュの発表どおりだったとしよう。だとしても、一体どこに、人類の救いの差があるのだろう？

911・考えない・日本人◉もくじ

はじめに

911と私

書き始める前に

序章

日はもう昇らない

装幀◉フロッグキングスタジオ

書き始める前に

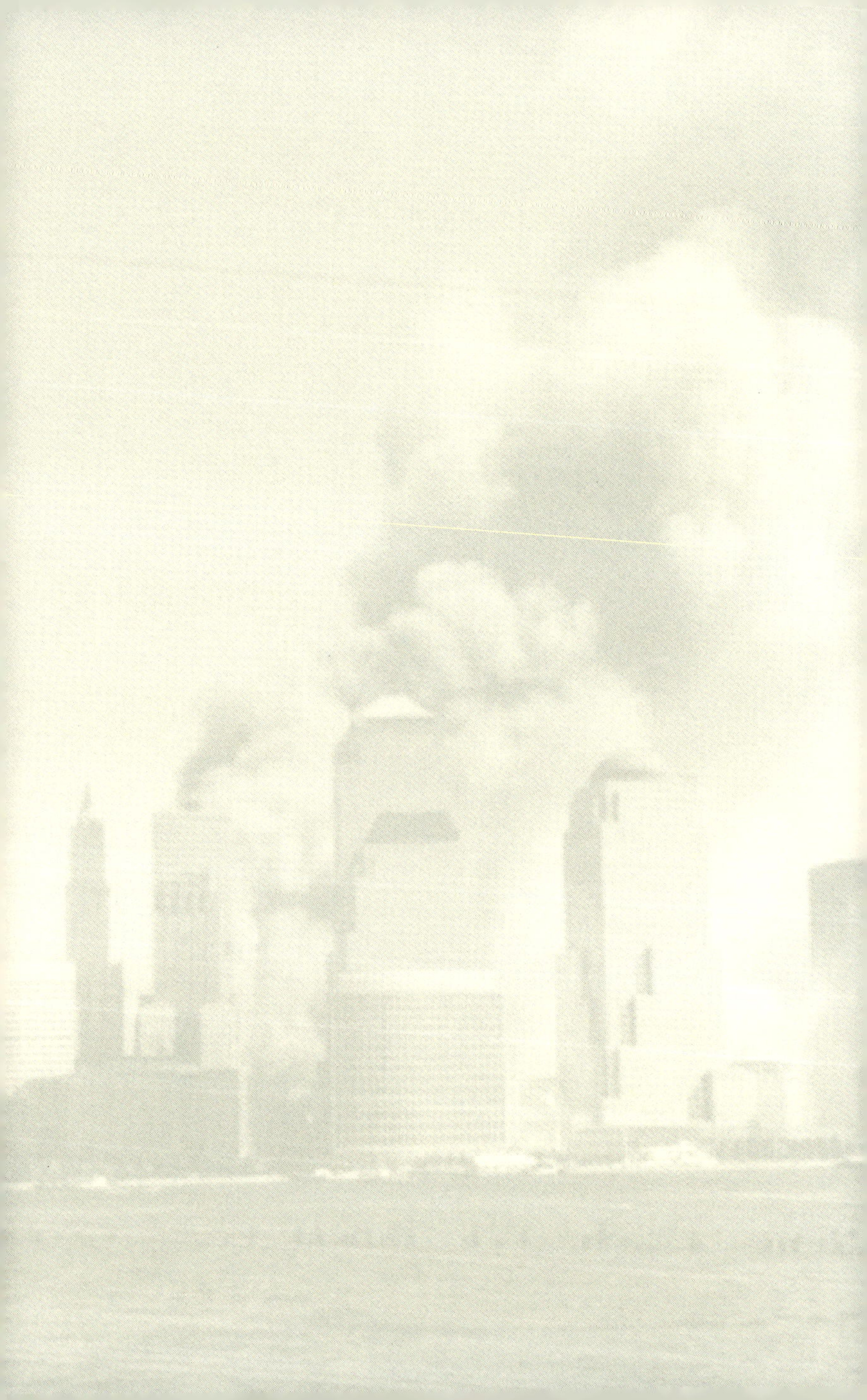

私はまず疑った

私は「911同時多発テロ」と呼ばれている事件は、すべて《彼ら》の自作自演であり、ヤラセであり、捏造であり、その他どんな言葉を使ってもいいが、ブッシュ政府が公式に発表している内容とはまったく違うものであるということを、確信している。

なぜか？

まず疑ったからである。

疑わしい要因、要素が多すぎると感じたからである。

次に考えたからである。知る努力をしたからである。

そのときに私の持った精神状態は、「情熱」と呼べるものとほとんど同じものだった。

私は現在の人類が、これまで数多くの哲学者が研究に研究を重ねたテーマの最も根底をなす問題、すなわち《人間の条件》を加速度的に失いつつあることを知っている。

あと数十年で、それらの条件のほとんどすべては失われると考えている。

それらのいくつもある《人間の条件》の一つに「情熱」がある。「本気」という日本語に言いなおしてもいい。何事であれ、その対象に本気でアプローチしていくことが情熱と呼ばれるものである。われわれはその対象を失っている。

《この「本気」という言葉は、後に述べる日本語独特の「味語」の一つである。味語とは論理的裏打ちがしにくい言葉である。意味性の希薄な感覚語で、語源的な裏付けもないコトバである。だから造語が自由であり、たとえば今私が使った「意味性」など、とっさに造語したものだし、定義そのものの「味語」なども、私の勝手な自家製言葉だ。

味語の特性は、対義語がないことで見分けられる。「本気」には「ウソン気」などと、無理に言わねばならない。このように日本語は実に容易に、その場その場の気分で言葉を生むことができる便利さがある一方、それは軽佻浮薄《けいちょうふはく》な言語性格を持ち、不安定で、曖昧《あいまい》で、生まれてはすぐ消える短命な言語でもある。このことは911に深く関連することなので、あえて説明を加えておく》

人間が生き続ける、生存しつづけるための必須条件は数々あるが、その中でも特に重要な要素と私が信じるものこそが、「情熱」であり「本気」である。

生命への執着、生き方へのこだわり、生存を脅かす数多くの不安、恐怖、疑惑を克服するための執拗な「粘り」、無知を恐れる本能、自己の心身ともを切磋琢磨《せっさたくま》する生き残りへの闘志、そうしたものを、私は「情熱」という精神活動で一括する。「本気」という味語を英語の論理語で言えば、seriousness, earnestness であり、これだと一層私の意図は明瞭になるだろう。

911が含んでいる巨大な「意味」は、実にシリアス（日本語風発音カタカナ語）なものであり、これほどアーネストな情熱を持たねばならない出来事も、人間の歴史にかつてなかったものである。

ところが――、
日本人はあらゆる面で、情熱生製（情熱を生み出す精神エネルギー）という人間の条件、能力を失ってしまっている。すべてのシリアスな反応は、「ヒク（引く）」対象であり、冷笑の対象であり、苦笑の対象である。

安手な、低俗なお笑いの茶化《ちゃか》しと〝斜に構える姿勢〟が、愚鈍日本人には似合っている。自分のバカを糊塗《こと》する最も安易な方法だから。

一点集中の偏った妄執、すなわち「オタク」以外に、バランスの取れた、普遍的な、ある意味では非常に常識的な情熱を持つことができない民族である。

熱情、熱中、夢中、激情とも訳されるパッション(passion)の原義は「苦しみ」(suffering)である。さまざまな「難」を人間が受け、それを克服する力が「熱心」を生み「本気」を生み、「情熱」を生むのである。このように分析すると、日本人に情熱というものが先天的に欠けている原因がわかる。日本人にとって、苦しみ、難、は避けるものであって、戦い克服するものではない。無視する、我慢する、忘れる、ですべてをすます。

当然シリアスなパッションは持たない——持てない。

だが、人間が、最も必要とする森羅万象が持っている「意味」は、情熱を持たない限り獲得できない。

そもそも人間は「戦う動物」である。戦う対象は人間同士の中に、自然の中に、無限に近く存在したし、今も存在しているし、今後も最後まで存在する。この観念も日本人にない。「意味」はただ meaning というだけではなく、「理由」reason にも使われる。動機 motive, intention であり、「含意」implication でもある。

生存のために戦い、勝ち抜くためには、どうしても森羅万象の持っている意味、理由、動機、含意を「知る」ための「情熱・本気性」を持たなくてはならない。

これが今の日本人には、まったくと言っていいほどに、ない。

縄文時代からなかった。

おざなり……の原因

以上に述べたことは、すべて911に密接に結びつく。

こうしてこの本で911を中心にして日本と日本人を考えるということは、決して、911の捏造証拠を羅列し、網羅して示す意図ではない。むしろそれよりもっと重要な意図がある。

911捏造証拠は、物的・状況を含め、すでに世界では出尽くしている。今後も続くに違いない。何度かこの本の中でも繰り返し付言するだろうが、完璧に信頼できる、反論の余地のない「ヤラセ」の証拠は、あなたがその気になれば、いくらでも入手できる。

問題は、日本ではその翻訳がごく一部しか出版されていないこと、また、日本でこの事実を声高に主張している「人種」は、実に扇情的で、売名的で、聞きかじりの生半可で、真摯性に欠け、キワモノ風な風貌で、むしろ眉唾《まゆつば》を触発するような人間が多いことだ。

また、何よりも以上に述べた日本人の気風「情熱蔑視」「本気蔑視」の風潮が911解明の邪魔をしている。「ムキになる」という言葉も日本語独特な「味語」である。ムキとはなんや？　漢字で書けるか？　「向き」つまり方向性である。ある傾向・関心・事柄・性質などを持っていること。似つかわしくないこと。さほどでもないことに本気になること（広辞苑）。ここでも「本気」という味語で、味語を解説している。

つまり、日本人は一定の方向性を持つことが嫌いなのだ。ちゃらんぽらん、明日は明日の風が吹く、何とかなる、どうせ、……、こだわりはよくない、水に流せ、「そうムキになるな」と、本気差別に走る。

ムキを英語にすると、またわかりやすい。

「彼はムキになってその案に反対した」

He opposed the plan passionately.

「そうムキにならないでください」

Please don't take it so seriously.

ね、両方に、パッション（情熱）、シリアス（真剣）の文字を使っているだろ！　これが「味語」に対する「意味語」であり、911は意味語でなければ解明不可能、味語で9

１１を論じることはマルクスの著書をすべて短歌と俳句を使って翻訳せよ、という命題と同じなのである。

　もう一つ日本人にとって〝９１１・おざなり原因〟がある。

《おざなり——、これも味語だ。オザを漢字で書ける？　「御座」で、なんと敬語付きだ。当座をつくろうこと、その場逃れにいい加減に物事をするさま。この最後の「さま」も味語である。漢字だと「様」。おざなりの英語は、perfunctory。熱意のない、の意。やはり情熱に関連する。「熱」は冷笑される。「様」は state, condition, sight。広辞苑をみると、その解説に「さま」をつけた日本語がいかに多いか驚く。もしそれにびっくりしないのなら、いかに日本人が日本語に鈍感であるかの証拠となる。～しているさま、～のようなさま、と、さまだらけが日本語である。そして「さま」ほど非論理的な表現はない。コンディションと言えば、論理がでる》

　その、もう一つのおざなり原因は「情報」というものへの日本人が抱く反応である。「９１１に関する情報が日本では少なすぎる」という意見がある。そういう意見を言う人は、言ったあと少し頭をひねり、ちょっと照れくさそうに付け足す。「信頼できる真実の情報がね」と。

情報――、漢語である。ヤマトコトバにはない。

後に述べる「借り物言語、おすそ分け言語」、外来語である。

またもや英語にすれば、ご存知、information。

インフォームはform（形体・形に作る）の意味。ベラベラベラと話がある。まとまりがない。それを一定の形、鋳型に埋め込み、形を作る。話の型どり、それが情報。問題は、その鋳型が誰によって、どのような意図で、どのような形に作られているか。

確かに、先進諸国に比べれば、911の情報は日本では少ない。それは日本人がみずから、自分だけの努力で、調べず、インタヴューもせず、現地にも行かないからだ。

つまり、最初から911は、他の外国の諸現象、諸事万端と同じレベル、翻訳に頼ることを無意識の自然条件としている。

また、その姿勢の根底は、所詮この事件は「対岸の火事」、その後のイラク侵攻、アフガニスタン問題と同じなのである。ブッシュの強要、一種の恐喝に怯《おび》えて軍隊の一種を派遣する程度。それも、最も安全な場所を割り振ってもらう温情にすがりつきながら、やっとこさ。国会で野党の議員が質問することすら「狂気の沙汰」、「911の真相追及？　なに言ってるんだね、君、ありゃだね、宇宙のかなたの出来事だよ、何で日本人の税金を使う国会で質問せにゃならんのかね、まだほかに大切な問題が山積しちょるだろ」「疑うべき問題だと思いますが……」「疑うべき？　べき、とは何だね、君、えっ、君、べき、とは！　べきっちゅうのはね、べき時以外には使わざるべきもんだよ、なに言ってんだね！」

味語「べき」の英語は、マスト must。

日本にはマストなものはない。何もない。マストがないから船がひっくり返る。

お粗末の一席。

911を考えたことがありますか？

情報で真実が探求できると思いますか？

認識、という言葉を知っていますか？

認識は情報によって形成されると思いますか？

情報が少ないことによって起きる混乱と、情報が多くて起きる混乱と、どちらが悪質な混乱だと思いますか？

歴史は情報で生まれ、作られると思いますか？

歴史の中の情報は、どのような役目を持っていると思いますか？

歴史は情報ですか？

人間の条件の中に、情報はどれほどの条件価値を持っているとお考えですか？

９１１は《人間の条件》を破壊するほどの大事件だとお考えですか？

それとも、情報で処理できる《人間の条件》とは抵触しない問題だとお考えですか？

何よりも、一体あなたは、９１１への「思考」をしたことがありますか？

その思考の要素の中に、どれほどの「情熱」がありましたか？

情熱が情報収集で解消され、カタルシス（浄化作用）を生むとお考えですか？

インターネットの情報収集に、どのような性格の情熱が加味されているとお考えですか？

インターネットマニアは、人間の条件を重要度順に箇条書きにした場合、第何番目にくるとお考えですか？

バレーボール情報インターネット検索マニアと、９１１検索マニアとの間の人間的差は、どこにあるのですか？

情報の価値は、その内容の浸透度にあるのですか？

それとも、その情報への疑惑度にあるのですか？

情報に疑惑がある場合、次にあなたのとる手段は具体的に、どんなことですか？

情報に「これだけは絶対確か」というのがありますか？

もしあった場合、それも「情報」という名で呼びますか？

一体、この時代、「これだけは絶対確かだ」ということが、あなたにとって、どれほどあるか数えてみたことがありますか？

あなたはその確かさを、あなただけの力で証明できますか？

確か——の核はどこにあると思いますか？

あなたはプラトンの言ったこと、アリストテレスの書き残したことを、絶対確かだと考えますか？

あなたは自分自身の判断に、どれほどの確信を持っていますか？

もし今、カントとかデカルトが生きていたら、911に対して情報を提供するとお考えになりますか？

もしこの質問にイエスの答えがあるなら、現在911に付言している現代のカント、デカルトに相当する人は、名前を挙げれば誰と誰だとお考えになりますか？

これだけは確かなこと

私は、以下のこの本で、911に常にまつわりながら、911を念頭から常に離さずに、書くつもりだ。

右に羅列した質問の解答は、それなりに本文の中に書く。

だが、その911とは、私にとって、以上に書いたような形をした911なのである。

本文への誘因であり、動機である。

911の以前と以後では、人間の歴史は完全に代わり、人間の条件もまったく変わった。

これだけは確かなことである。

911は、人間が最後にたどり着いた最大の愚かさと、最大の悪の結晶だった。

これだけは確かなことである。

911は、ある一部の人間たち、はっきり言えばイルミナティ、私風に命名すれば「ファイナル・パワー・エリート」たちが仕組んだものである。

これだけは確かなことである。

911の真相は、ケネディ暗殺と同種類の事件であり、その直接下手人が、突然真人間《まにんげん》(これも味語)に改心し、すべての物的証拠を、それも今まで隠匿されていた動かしがたい証拠持参の上で真実の告白をし、一切の疑惑が氷解される正しい辻褄合わせがなされたときにのみ、一般的な「解明」となる。

だがそんなことは、ケネディの場合同様、未来永劫ありえない。ありえるとすれば、千年、二千年先の、ネオ・ホモ・サピエンスの出現を待つしかない。彼らの編纂《へんさん》する「人類史」に書かれるべき項目である。

これだけは確かなことである。

それ以上の確かなことを、この本に期待されても無駄である。不可能なことだ。また、第一、そんな本を書く意図は、ぜんぜん、まるきり、私にはない。

私は911に事寄せ、かこつけ、その底にある「人間の条件」「日本人の条件」の諸問題へと我田引水する意図でこの本を書くのだ。

しかし、それでもなおかつ、911はその意図の根源問題を提起している。

それだけは確かなことなのである。

「確かさのなきこの世の中の確かさを
確かといふな確かなれども」（お粗末の一席）

日はもう昇らない

序章

心の病、はびこる

なるほど、人間はこうして死に至るプロセスを踏むのだ——、と、納得し始めている。

なにしろ死ぬのは初めての経験だ。勝手がよくわからない。一つ一つの現象を確認していくより手段はほかにない。とにかく疲れる。どうやらそれが第一歩らしい。生きていることに疲れ果ててくるのだ。それで「もういいや」という気分になる。

食欲がなくなるなどは、その「もういいや」の顕著な表れなのだろう。胃がものを消化するのに「飽き」てしまったのだろう。七十数年も同じ消化作業をバカの一つ覚えのように繰り返していれば、くたびれるのもわかる。可哀想な気がする。

しかし一番疲れているのは、なんといっても脳みそだ。

もういい加減に動きを止めてくれと、日夜悲鳴を上げているのが聞こえる。特に日本に帰ってきてから、この悲鳴の音量はいや増すばかりである。両耳にトランペットを押し付けられて吹かれているみたいだ。

脳みそお手上げ状態――これだ。

たぶんこれこそ「死に至る病」とキルケゴールが名づけた病原体なのだろう。しかしヨーロッパの生活でそんな病気にかかるのは贅沢病の一種だ。彼も日本に住んでみればよかった。ニーチェと親分子分のようなこの二人、日本で生活していたらどんなことになったか、想像すると面白い。わざわざ神は死んだなんて言わなくとも、最初から神などいなかったこの国、二人で秋葉原を戦車とバズーカで蹂躙したかもしれない。「あれか、これか」などと言っている余裕すらこの国にはない。「あれもこれもどうにもならん!」といった気分が漂っている。まことに恐ろしい。

日本人以外の古今東西の哲人の書を学ぶたびに(日本には哲人の名にふさわしい人間など一人もいなかったことは確かだが)、もし彼らが日本に生まれていたらどんな発想を持ったかも非常に知りたくなる。同じ脳みそを持って生まれていたとしても、それを日本で発育させることができただろうか? 十中八九、不可能だったろう。プラトンだろうとデカルトだろうと、考えるより先に鬱病にかかって自殺したに違いない。

この国には心の病がはびこっている。

帰国してまだ三年だが、その間に知人の三人が自殺し、五人が精神になんらかの異常をきたしている。しかもその人たちは東京のような大都会に住んでいるだけではない。豊かな自然環境の中でも、精神が冒される時代になっている。自殺した一人は中学生だった。こうした心の病に冒される知人の数が増えたのは偶然の出来事だとは思えない。どこかに共通する必然があるに違いない。

日本人が背負う業

この国では考えようとする人間は、皆おかしくなるようだ。考えない人間だけが、悠々自適風に生きていられるようだ。

なぜなら、この国では考えることが不文律に禁じられているからである。考える人間に対する有形無形の精神的迫害は、バグダッドでアメリカ兵がイラク人に行った拷問以上の苦痛を与えるのだ。

曲がりなりにも今までの西洋文明の核を作ってきた哲学者たちは、きっとこの国では育たず、心の病に倒れただろう。いや、それよりも前に、せっかくもって生まれた同じ優れた脳みそでも、日本で育てば五歳までに破壊されてしまったかもしれない。カントが大分県で生まれていれば、教員採用に賄賂を贈って逮捕されていたに違いない。これは実に愉快なファンタジー・ストーリーだ。

アリスも不思議な国などにわざわざ旅立つことはなかった。まっすぐ日本に渡ってくればすむことだった。

この国は通常の脳みそでは立ち行けない。特注品がいる。今は何でもメイド・イン・チャイナだが、脳みそだけは外注がきかない。ニホンザルとチンパンジーと秋田犬と三毛猫の脳を混合しなければならない。人間的要素は正確に零点零五パーセントに調合しなくてはならない。

どういう神様の配慮か知らないが、同じ人間でも日本人として生まれつき、日本人として死ぬ人間は、それだけで大きな業《ごう》を背負っている。

これは並大抵の業ではない。

試練である。よほど先祖の因果が深かったのだろう。地球上のどの民族も考えないですむことを考えねばならず（私の一生のように）、努力しなくてもいいことを努力せねばならず（私の一生のように）、悩まずにすむことを悩まねばならない（私の一生のように）。

そして何よりも最悪の日本人の業は、考えなくてはならぬことは考えてはならないという日本人を取り巻く文化風土である。こんな馬鹿馬鹿しいことはない。そこで生きるのに疲れる。私一人の個人的問題ではない。日本という国が相当くたびれている。考えるということを抹殺する力に対抗することでくたびれる。

この本を書くモチーフ（書く動機としての中心思想）は、「考える」ことであり、そのテーマは「日本語を使っている限り考えることはできない」というものである。ちなみに「モチーフ」はフランス語であり、「テーマ」はドイツ語である。両方とも日本語にはならない。

無思考という名の考え

十九世紀以降、考えることが得意な国外の人間が、どっとこの国に押し寄せ、日本人たちに〈自分たちは考えることができない民族だ〉ということを〈考えない〉ような教育をし始めた。

自分は〈考えられない〉ということを〈考えなければ〉、自分は〈考えられる〉と〈考える〉。

実に巧妙な錯覚誘導である。

せっかく「バカな考え休むに似たり」という古来の格言（この上もないほどの正論）があるのに、それを無視し、〈考えられると考え〉、〈考えのない〉行動を起こした。

その結果、《彼ら》の〈考えどおり〉、大東亜戦争をおっぱじめた。まんまと錯覚誘導に乗ってしまったのだ。

《彼ら》にとっては大成功だった。どう〈考えたって〉、勝てる戦争ではない。それを〈考えなしに考えた〉ので、ある程度は勝てると〈考えた〉。短期決戦ならなんとかなると山本五十六などは〈考えた〉。短期決戦ですませるような相手ではないことは〈考えられなかった〉。完全、徹底的な日本抹殺こそ《彼ら》の〈考え〉だった。

その結果の現在の現実こそ、《彼ら》の〈考え〉だった。

いくらなんでも「ここまでやっつけられる」とは、日本人の誰も昭和十六年十二月八日には〈考えなかった〉。〈考えられなかった〉。昭和二十年八月十五日にすら〈考えられなかった〉。笑っちゃうじゃないか、平成の今でも〈考えていない〉！　なぜなら、どれほど徹底的にやっつけられているかを〈考えられない〉んだから。

何しろ宣戦布告の時間まで「ヅル」して、騙《だま》し討《う》ちをした人類最低の民族だというレッテルは、今でも彼らの「歴史」には生きている。そう言われるとは〈考えて〉いなかった。

だが、人間の歴史が残る限り、この「レッテル」は残る。しかもその「言い訳」が「大使館の事務上の手違いで……」、という〈考えられない〉ような弁解なのだから、もうどうしようもない。原爆の結果までは〈考えられなかった〉としても、少なくとも人間並みの思考力を持っていれば、相手に騙し討ちだと言わせるような真珠湾の醜態を見せなくてすんだ。

しかし、これも《彼ら》の得意な〝無思考という名の考え〟の誘導だった。

いまだに《彼ら》はこの「手」を使い、911に利用した。「ニュー・パール・ハーバー」である。「無思考・思考」(考えていると考えていない人間に考えさせる考え誘導)を自国民のアメリカ人を始め、世界中の愚かな人間にほどこしている。911の当日からの数週間アメリカの一般人がどのような反応を示したか、当時ボストンに暮らしていた友人の体験談をつぶさに聞いて、納得した。続いて起こった(起こした)炭素菌事件と連動し、彼らは完全なパニック状態に陥り、各家庭は自宅の玄関のドアに星条旗の小さなワッペンを張り付けた。まるで古い日本の魔よけ、あるいはモーゼ時代のエジプトの子殺しエピソードと同じである。それが張ってない家は、テロリストのシンパだとみなされた。その流れは怒涛のごとく、議会承認なしの「愛国法」という全体主義国家への法律を通過させた。

人間の考えの根源は、相手を「はめる」技術としてある。

日本人の「考え」の定義の中にはそんな考えはない。

戦争に最も必要な武器は思考力である。

鉄砲でも爆弾でもない。細菌兵器でもない。

考える力だ。

そして人類に戦争がなくなる日などない。日々戦いである。個人同士の日常関係でも侵略であり、略奪である。この地球上に戦争のまったくなかった「一分間」すらない。今後もない。思考と戦いは同義語だ。殺しあう戦争でなくとも、考えあう戦争を続行しているのだ。CIAが考えている。FBIが考えている。スカル・アンド・ボーンズが考えている。ペンタゴンが考えている。オックスフォードが考えている。ハーヴァードが考えている。イルミナティが考えている。永田町は考えていない。東大は考えていない。警視庁は考えていない。学校の先生は考えていない。親は考えていない。子供も考えていない。

相手の考えに上回る考えを持つ人間、人間集団が勝つ。

しかし、考えない人間にはこの現実と真実がまったく見えていない。自分たちも考えていると無思考に考えているからだ。アメリカ人たちも自分が考えていると考えたからこそ、ドアに国旗ワッペンを張り付けたのだ。それがいかに愚かしい考えかなど考えなかった。

同じような意味で、殺戮《さつりく》は肉体に限ったことではない。

完璧な殺戮は相手の魂に対するものだ。精神殺戮だ。頭脳破壊だ。

別名「生きる屍《しかばね》」、つまり今の日本民族。

これで充分。

人間の機械化、人間の動物化

無批判・無思考にボタン一つで命令どおりの動き（脳の動きを含め）をするロボット化さえ施せば、その人間の完璧な抹殺が完了する。ロボットに思考力はない。データー分析は思考ではない。たとえば人間の将棋棋士がコンピューターに負ける日はもうすぐ来るだろうが、それは人間の思考力が敗れるのではない。棋士は考えているように見えるが、記憶したデーターを分析しているだけだ。あとは勘と体力と気分だ。どんなゲームであろうと、そこに思考力が働くというのは、錯覚である。ゲームは、ルールを最大限に利用活用する計算と分析である。

無論それをも「思考」と呼ぶのは勝手だが、私の言うのは英語で thought と呼ばれるもので、カルキュレートしたり、プランを練ったりする脳活動とは違う。インテリジェンスを最大限に活用する「思索」「瞑想」に近い力である。そこに不可欠な要素は、哲学する能力で、もしゲームにも哲学性があるとすれば、それはゲームの勝敗自体を離れた別の次元、その反省の中に生じるものだ。

勝敗とか、損得のような即物的な打算を伴わない（後に説明する内言語的な反省を第一義とする）人間の思考力は、機械がどのように発達しようが、どれほどロボットが完璧になろうとも、持ちえないものだと私は信じる。勝つプログラミングをほどこした機械に、負けや損をもたらせることはできないからだ。

確かにアメリカは軍の組織を使い、バイオニクスの研究に余念がない。サイバネティクスも日進月歩を重ねている。だがそれらはいかに完成されようと、人間を作ったことにはならない。不完全で、間違いやすく、愚かさを十二分に兼ね備えていなければ人間とはいえない。

理想の思考力が無謬《むびゅう》を前提としてあるというのは、まったくの錯覚だ。

なぜなら、何が正しく何が間違っているかの価値判断ほど不確実なものはなく、時代とともに変わり、その「探求の過程」こそ、人間が人間である証明となるからだ。

問題は、その「過程の抹殺」である。

そこを混同してはならない。

善悪判断を機械が果たし、その無謬性を疑わなくなったとき、人間の非人間化は完成するのだろう。

生体工学が目指すものこそ、完全な非人間化の奨励・促進と一体になる。

つまり現在は、プラス（ポジティヴ指向）の面に向かっての非人間化と、マイナス（ネガティヴ指向）の面へ向かっての非人間化の両方が、同時進行している。前者はロボット化する能率的な人間であり、後者はゾンビのように生ける屍となって、ロボットの奴隷として仕える下級労働人間である。

両方とも思考力は剥奪《はくだつ》されているが、前者は人間の機械化であり、後者は人間の動物化である。

後者の代表が日本人である。

分析力と思考力を日本人は一緒くたにする。だが、完全に違うものだ。分析はコンピューターにもできる。しかし、コンピューターに哲学はできない。

以上のような〝ゴチャゴチャ文章〟を書くと、私の文章はムズカシイと言われる。なんとかそう言われない文章を書こうと努力した。ない知恵も絞った。しかし、どう書いたところで、結局は難しいと言われる。もう知ったこっちゃない。

いまさら私の文章など、読んでもらっても読んでもらわなくとも、結果には変わりは一切ない。日本は変わらないし、滅亡する。そう、日はもう昇らない。

科学が侵蝕する哲学

ここで私が定義する思考力とは「哲学力」である。そんな言葉はないが、考えられない人間は、自分に哲学力がないのだと思えばいい。そう考えれば少しは自分のバカさ加減に対する恥ずかしさが減り、気分も楽になるだろう。なぜなら哲学などという言葉は、どちらにせよ日本人には縁遠く、そんなものはむしろないほうが純粋日本人らしく、誇りにさえなる。粋な風流人などというイメージは、我らが最もよしとする人間像だ。「春の小川はさらさら行くよ」みたいな無思考人間が理想像、「恬淡《てんたん》」などという言葉も聞こえがいい。日本人の美徳の一つである。

だが、その真に意味するところは、日本人には哲学する力がまったくないということなのだ。「恬淡」とは物にこだわらないさま、無欲なこと、あっさりしていて、物事に執着しないさま、のことだ。そんな哲学者はいない。哲学には執念深い欲がいる。無論金銭の欲ではない。真知への貪欲さである。

哲学力がない人間は、《人間の条件》がまったくないということと同じことである。人間の哲学思考力は、局部的なディテールにあるのではなく、全体的で、広範囲な知的普遍性のバランスの中にある。完全な無謬には、バランスがない。正誤のバランスの中にこそ人間性がある。バランス感覚を持ったロボットは人間ではないだけではなく、ロボットですらなくなるだろう。つまりそんなものは作りえない。

ところで、それに関連し――、

実に矛盾した腹の立つ記事を読んだ。

紹介したい。ご存知の方もおられるかもしれないが、『脳工学に挑む日本のカミカゼ神経科学者たち』というロックフェラー大学神経科学研究所のフランス語での報告記事だ。分子生物学は〝カミカゼ日本人〟科学者たちによって、すでに産業化の段階に入ったというのが、その情報内容だ。

日本人は自分たちだけで独自の理論を生み出すことはできないにもかかわらず、物真似だけですむ技術だけは得意だと、その記事は皮肉を言った後、クローン技術も日本が世界をリードしていて、脳の機能や精神のプロセス、意識、記憶、思考、想像、夢などの研究も急速に日本で進んでいる。和光市にある脳科学総合研究センターでは、アメリカのマサチューセッツ工科大学との緊密な連絡体制によって、世界の他の研究所の機先を制している。（記事はこの研究センターがアメリカ軍と関係があることをほのめかしている）。

とにかく技術屋の日本人は、二〇一五年までにはニューロンの老化を制御することもできるだろう。思考する能力を構造化することにも成功し、プログラミング不要な記憶能力とともに、十五年後には直感的思考と論理的な推論を備えたスーパー・ロボットが出来上がる。知的で感情を持ち、欲求などの感覚を抱くコンピューターも生まれる。さらに二十年後には人間社会と友好関係を築くようなスーパー・コンピューターも生まれている。つまり技術オタクの日本人の科学者が、人間と知的生活を営むロボットとの共生関係を作り上げている、というのだ。

皮肉というのか、バカにしているというのか、怖いというのか……。

自分では何一つ考えられない日本人が、知的で情操豊かでオリジナリティを持ち、しかも老化もしないスーパー・ロボットの製作者になるというのだ！

まさに悪魔が神を作り出すほどの皮肉なパロディだ。

だが私は信じない。

総合的な哲学力をロボットは持てない、そんなコンピューターは作り出しえない、と信じたい。祈るような気持で。

部分的な優れた能力をいくら寄せ集めても、優れないからこそ生まれる哲学力は生み出せまい。哲学の発現力である絶望感、劣等感、虚無感、不安感、不信感といった人間特有の悩みを科学は生み出せないと信じたい。

哲学は結果的唯一の正解を意味するものではない。常に修正の余地がある不完全さの中で生まれ、提供される。無謬で正しい結論を導く道は思考力ではないと思う。それは分析力に過ぎないし、カルトへの道となる。

もし、そういう無謬で万能なコンピューターができたと人間に信じさせ、同じようなロボットも生産されていると信じ込ませることができれば、それこそイルミナティの擬人化であり、ロボット化であり、陰謀のコンピューター化にほかならないだろう。

イルミナティの思い通りの結論を、スーパー・コンピューターの出す正解結果にしてしまえばよい。「陰謀」という概念は消え、すべてはスーパー・コンピューターの示す「正解・正しさ・善」ということに取って代わられる。老化をなくすことができるほどの「科学」が、ほかのことで間違うはずはない！

今ですらテレビ情報を鵜呑みにする人間を、それ以上の科学権威で鵜呑みにさせることは、いともたやすいに違いない。ますます人間は自律的思考力を失い、バランスを失い、その必要性を失い、自発的な思考を無視・放棄するに違いない。

必要なのは、もっともらしいドラマ化された歴史を、そのスーパー・コンピューター出現過程に粉飾すればよいのである。キューリー夫人の美談、アインシュタインの天才性、といったドラマティックなストーリー粉飾である。

きっとわれわれは、それにまんまと乗せられ、騙されるに違いない。その下地や素地はもうできている。

本当の「考える力」とは

いかなる分野でも、専門化した世界では、人間性思考は二次的価値になる。

つまり、特殊思考は、《人間の条件》から分離されるのだ。

馬鹿の一つ覚え——で充分になる。

かつてはバカは非人間の条件、人間が捨て去らねばならない最大の対象・命題だったにもかかわらず。本来バカは半人前を意味した。この考え方はすでに消えている。

馬鹿の一つ覚えの人間たちを一堂に集め、統合し、分化し、適材適所に使いこなす能力が、未来を操る思考の最高発揮となる。「利口の百万覚え」である。

イルミナティの存在がそれだ。（イルミナティって、なんだ?……、と今頃訊くバカは、もう知らんでよろしい）。

本来、私の言う哲学力とは（私の独断と偏見定義だが）、このバカの一つ覚えをいかに複数化するかの力だった。

短絡を廃し、複眼的な視点で、人間の英知を複雑化し、そのいったん複雑化した思考の中から一つの真理を再構築する力が、哲学である。

分化作業と再構築作業の総合管理の中から、哲学する力が生まれる。

一人の人間の個人的脳みそ管理にも同じことが言える。

われわれの大脳皮質やニューロンは無意識に、日常、自分の脳の細部に散らばっている局部的オタク思考をできるだけ統一、普遍化する総合本部の役をこなしているのである。いわば脳の中枢本部「バランス省」みたいなものだ。

オタク的な思考力は、本当の「人間の考える能力」とは違う。日常生活の考える能力は、総合と普遍の中にこそ発揮されなければならない。

国家単位の日常生活（国民的コンセンサス）も同様である。

考えを細部の一極に限定すると、それは考えではなく、オブセッションになる。

オブセッションとは、妄想などに取り付かれること、執念、頭にこびりついて離れないこと、一種の神がかりになること、強迫観念、という意味である。

つまりバランスを失った脳ということだから、戦略的な意味で、敵方にそうした脳を移植することは有効な手段である。オブセッションに取り付かれる人間は、本義的な思考を失ってしまう。しかも、自分では〈考えている〉と〈考える〉。

911の後の一般アメリカ人の生態がそれを如実に示した。対テロ戦争を本気で妄想し、オブセッションに取り付かれ、それが思考力剥奪の陰謀であることにまで頭が回らなくなったのだ。

脳の総合本部を失うことほど、国家的にも個人的にも恐ろしい状況はないのである。右手と左手が勝手にばらばらに動くみたいなもので、最後には両手に握った斧《おの》で自分の両腕を同時に叩き切る。脳の曲芸である。

まったく考えていないのに、自分では考えていると考えさせる技術ほど、全体主義指導者たち（たとえばC・W・ミルズの本の題名を使えば『パワー・エリート』たち）にとって不可欠な技術はなく、また望ましい状況もない。そのため彼らは、日夜努力を怠らない。あらゆるマスメディアを活用し、〝考えていない思考力〟を捏造する。

その意味で、現代の戦場は擬似平和の日常生活の中にある。

硝煙が漂う原っぱも必要ない。弾痕が刻む都市の壁も要らない。戦艦が撃沈される大海原も要らない。各家庭にテレビさえ置いておけば、そこは血みどろな戦場とまったく変わりなくなる。ルイス・ヤブロンスキーの書名にある『ロボパス』（邦題『ロボット症人間』）を増やすことこそ地球と宇宙制覇戦争の必勝法である。

脳のない夜光虫と日本の男たち

ひと昔前まで、思考力皆無の人間を生産することなど、SFの世界でしかなかった。オーウェルやハックスリーやブラッドベリなどの優れたSF作家が、この世界を現実味豊かに描きはしたが、所詮はフィクションだった。ブラッドベリの『華氏四五一度』は読書を法で禁止する未来を描いていた。本を読むことこそ、人間の思考力の源泉になるからだ。しかし今は、法で禁じなくとも、人間は本を捨て去っている。

人間に考えられては困る人間の考えが、この一世紀の間に飛躍的に進歩発展したのだ。いちいち隠された本を各家庭から摘発し、火をつけて燃やすなどという面倒（ブラッドベリの方法）をする必要などない。成甲書房などという良心的零細出版社に林秀彦の本を書かせておくだけで、そんな出版社はすぐ潰れる。摘発などする必要は皆無である。テレビの視聴率一パーセントは百万人だ。私の本の「視読率」は、零点レイレイレイレイ？パーセント……。

二十一世紀の今日の日本は、見るも無残である。パーフェクトな完成度。何がどうパーフェクトかといえば、考えられないということはどっち道、以前と同じなのだが、考えられないということを、考えられなくしてしまったということだ。

その証拠はこの国の若者を見ると歴然とする。
歴然とし、愕然とする。唖然とする。そして、憮然とする。
特に男子青年は全員キンタマを抜かれている。下品な表現で申し訳ないのだが、ほかに適当な言葉がない。しかもこれがぴったりだ。覇気《はき》というものがない。覇気は考えることからしか生じない。思考力は医学的に診ればホルモンの作用だ。生まれる前から男性ホルモンをすべて吸引され、一滴も残っていない。キンタマを含め、すべての男性ホルモンは女性に移植されている。男は全員なよなよ、優柔不断、暖簾《のれん》に腕押し、非人間化している。日本の男を男と呼べば世界中の男が怒る。

目も当てられない。

絶句する。

気絶する。

昔は「井の中の蛙《かわず》」ですんでいたが、いまは「肥溜めの中の蛆虫」よりさらに悪化している。肥溜めが水洗化で日本からなくなっているからだ。日夜、日本の男は巨大なインターナショナル水洗便所で浄化槽に押し流されている。

かつてインド洋を船で横断したときの便所の光景がよみがえる。排便水洗に海水を使っているために、夜光虫がクソと一緒に便器の中を躍り跳ね、どっと流されていく。壮観だった。脳のない夜光虫は自分たちが人間のクソに混じって放出されているなどとは考えない。ドドドッとクソまみれで深海に沈んでいく。帰国後日本の高校生と大学生の男を見ると、この夜光虫を思い出す。一体このアメリカ人が排泄した糞尿まみれの日本の男子若者らは、どこに押し流され、沈んでいくのだろう。

日本男性の安住の地がなくなったのだ。「日本の男」というフレーズが人類の使用できる最悪な人間状態を表現する常套句になる。「大きくなっても日本の男にだけはなってはいけませんよ」と世界中の母親が子供に諭す。「何しろ彼らはウンコにまみれていても、それを洗い落とす考えが浮かばないのですからね」。これは説得力がある。

そういう青年群を見るだけで疲れる。

吐き気を抑えるだけで疲れる。

彼らには人間的な感性がまったくない。怒りもない。不満もない。ましてや執念など毛ほどもない。彼らは生きていない。生きる前に死んでいる。ロボットでさえない。つまり「日本の男・糞まみれ夜光虫人間」である。それ以外の表現がない。

私は冗談を言っているのではない。真実だ。水がH_2Oのように明らかなことだ。

かくして——、

もう、

私は、
うんざりしている。
日本人として生きていることに、
うんざりしたのだ。
何とかなると思っていた。
ところが、
なんともならない。
万策尽きた。
少なくとも非力な私の万策である。

それにしても――、
とつくづく考えてしまう。
どうしてこんな人間が同じ地球上に生息しているのだろう。
その解答のすべては歴史の中に明らかだ。そのような視点で歴史を勉強すれば、誰にも明らかになるだろう。「比較歴史学」という学問をもっと完全に確立すべきだ。理想的な研究は、綿密に同じ時刻、地球上の人類が各地で何をしていたか、克明なデーターを集め、その行動原因を心理学にまで掘り下げて網羅することだ。

しかしそんなこと怖くって、誰も本気で勉強しないかもしれない。そこまで克明でなくても、比較作業はあまりにも明々白々に日本男性の劣性が証明されるから。弁解の余地なく。

たとえば、歴史上、最も男性的な日本男性は誰か。日本武尊《ヤマトタケルノミコト》だとしよう。ヘラクレスと比較すればいい。日本史最大の賢者は誰か。聖徳太子だとしよう。アリストテレスと比較すればいい。日本最大の武将は誰か。織田信長だとしよう。アレキサンダーと比較すればいい。日本最大のバカタレ（バカタレント）は誰だ。ビートたけしだとしよう。マイケル・ムーアと比較すればいい。一方はただの世渡り上手な傲慢なバカだが、一方は真摯なインテレクチュアルであり、かつ前者には皆無な勇気の美徳を持っている。

まったく、

うんざりする。

だから、

生きる気力が底をついた。

生存に必要な要素、それは悪

しかし何よりも重大な比較は、悪に関する比較である。

人類歴代の悪人を比較するときだ。ブッシュ一人だけでも、日本歴代超悪人の一万人分、いや、それ以上の悪辣さを持っている。ましてやその彼を操っているロックフェラーとかロスチャイルドなどを持ち出せば、日本人の悪の概念をはるかに超えた異次元の世界を理解せねばならず、それはわれわれの能力を上回る。

われわれはモーゼと親鸞《しんらん》を対決させねばならない。十戒を定め、すべての出発点とした彼ら民族と、善人ですら成仏《じょうぶつ》できるのだから、ましてや悪人は当然天国に行けるといった論を徹底的に対決させなくてはならない。ひたすら論理で貫かれた聖書と、誰も耳で聞いて理解できず、理解できないことが当然な念仏とを比較しなくてはならない。理論の善悪と、ムードの善悪の根本差である。

英語で言うイーヴル（evil）は日本にない。

同じ意味で、ヴァイス（vice）とヴァーチュー（virtue）もない。

この「美徳」とか「善」と訳されているヴァーチューの語源はラテン語の「男」を意味

する vir から来ている。つまり「男らしさ」「勇気」を表す。それが「善」「徳」を意味する。

当然、男のいない日本にあるわけがない。

白人の根本的な善悪の問題は道徳科目ではない。哲学科目だ。

当然、日本にあるわけがない。

日本の悪は改心と謝罪の対象である。白人の悪は復讐の対象である。

根本的に異質だ。

人間の生存に不可欠な、最も重要な要素は何か。

悪である。

悪を身につけない限り、生きられない。

人間を悪から解放するものは、より強力な悪しかない。

悪がないことは善か?

ノー。

それは無知であり、バカだ。

生きる条件、つまり《人間の条件》を持たないということだ。

そしてここに911の問題が拡大される。

あの出来事の真の意味を理解できない限り、今後の人間の条件はない。

「神は死んだ」というニーチェの言葉を、もっと深く理解しなくてはならない。

だが、悪がわからなければ、神もわからない。

悪のない日本には、死ぬ前から神は存在していなかった。存在しない神は死ぬこともできない。つまり「意味」がない。

意味――、
このこと（「意味」の意味）は、後でじっくり考える。（今はまだ「序章」の段階だ）。

まず「悪」を考えてみる。

神と悪は鶏と卵だ。

ねえ、ちょっと、ほんとに……

冗談じゃなく、
日本史をよく勉強してごらん。

そして、その後で世界史を勉強してごらん。

そうすれば、いまなぜ日本がこれほどに惨憺《さんたん》たる状況にあるのか、実に、はっきり、完全にわかるんだ。

日本史は最低のドラマ

いまの日本の学校は（親も）、子供たちに日本史を教えない。教えても、上っ面、ほんのなぞる程度。これほど自国史を教えていない国も先進国では日本以外にない。オーストラリアなんてまだ歴史が二百年ぽっちだから、たいして教える材料がないのに、それでも一生懸命に教えている。歴史にこれほど興味のない国民は日本だけだ。自国の歴史も他国の歴史も、歴史オタク以外はまったく無知に近い。

だが、わかる気がする。日本史はちゃんと教えたら、子供だってうんざりする。ちっとも面白くないのである。

歴史を学ぶ価値は、それが人間に何らかの形で戦慄《せんりつ》を与えるからである。ゾッとするためにある。

われわれの先祖がなしたことが、現在と照らし合わせ、知性と感性を刺激するのだ。その要素のない出来事は、はじめから歴史から消滅させられている。西洋史の中にも中国の歴史の中にも、奇跡に近いことが詰め込まれている。それらのいくつかの物的証拠は、遺跡として今に残っている。万里の長城、エジプトのピラミッド、どれも奇跡に近い。なぜ十字軍は、何度も何度も馬鹿げた侵略を起こしたか。なぜスエズ運河とパナマ運河ができたか。フランス革命はなぜ起き、それは成功だったのか、失敗だったのか。

ルイス・マンフォードの『機械の神話』、モレノの『誰が生き残るか？』などを読むと、人間の歴史が戦慄に継ぐ戦慄の連続だったことがわかる。

ところが日本史は、鳥肌が立たない。

司馬遼太郎がシャカリキになって鳥肌を立たせようとしたが、それはあくまで芸術の分野での成功で、箇条書き的性格を持つ歴史記載ではない。

トヨアシハラの伝説から始まり、眠気を誘う。人間の歴史って気がしない。まったくチンパンジー国の歴史だ。なぜかって、歴史を彩る（歴史が歴史であるゆえんの）悪の話がまるでないからだ。大虐殺もなければ、悪辣非道な陰謀もない。その上大疫病の話もない。お隣同士の喧嘩程度が日本国内の戦争。隣国侵略略奪だって、せいぜい虎狩りして終わり。拷問の技術も幼稚。魔女狩りぐらいはあってもよさそうだが、奈良時代以来神仏習合で、なんでも混淆してしまう。折衷・融合・調和などといっている歴史は、歴史と言うより御《お》伽噺《とぎばなし》に近い。「本地垂迹《ほんじすいじやく》」など、どこの国の言葉にも翻訳不可能。一応仏教用語にはなっているが、日本独自のヴォキャブラリー。天照大神が大日如来の化身だなんて、これ、本気で考えたんだから、まったくもう、歴史なんてもんじゃない。与太話。こんな発想から「悪」は生まれない。悪の根源は神の排他主義だから。

といって、折衷・融合・調和が善かといえば、とんでもない。

善にはもっと鮮明な哲学が付随する。

日本人の言う「善」は、ただのいい加減。善悪ごちゃごちゃ、区別がつかない。神は悪魔の化身、と言っているのと同じ。いや、悪魔という概念がそもそもない。怨霊とは違う。閻魔様《えんまさま》でもない。お化けでもない。つまり悪の化身がない。だからちっとも怖くない。「矢でも鉄砲でも持ってこい！」と居直るのと同じ、「神でも仏でも持ってこい！」、どっちだろうと関係ない！

日本史は最悪の作家の書いた最低のテレビドラマで、これではいくら視聴者のＩＱが低くても視聴率は取れない。

善悪という山場のない、ドラマのない国に、私はくたびれている。

神と悪魔の戦いがない国ほど、グウタラな国はない。

そして、山場がないという意味は、意味がないということなのだ。

善もなく、悪もなく暮らす。何事にも意味を求めずに生きる。

一体、何がその生活に残るか？
考えてくれ、頼む！
善が悪に勝つこともなく、悪が善に勝つこともない。
戦いはなく、葛藤はその一日に、一生に、歴史に、ない。
そんな生活と歴史に残るものは何か？
ほら、答えはあなたの今にあるじゃないか。
自分の今日の生活にあるじゃないか。
ノンベンダラリ。

ヤサシイズムの全体主義国家

そろそろ本題に入らないと、ますます原稿の〝あがり〟が遅れる。今まで一度として締切期限に遅れたことがなかったのに、もう半年以上遅れている。書けなかった経験など生まれて最初で最後になるのだろう。

私の書くものに対する友人たちの最も友情ある意見は「難しい」である。どの本に対しても、同じ反応が返ってくる。これが信じられない。最大に好意的に言ってくれて「難しい」なのだ。これって、作家にとって致命的なのだろうか？　テレビドラマを書いていたときも、同じことを言われた。「もっとわかりやすいシナリオを書いてください」という注文にくたびれた。それで国外亡命した。

ヤサシク書こうとすると、筆が止まるのだ。頭が止まるのだ。

そしてこの数カ月、悟りを開いた。私の人生は「難しかった」と。

易しくするために難しかった。

こんな難しい人生を歩んだ人は、日本では少ないのだろう。

ここは何でもかんでも「やさし」くないとやっていけない国なのだ。

これをまた難しく言うと、人生を平易化する、あらゆる問題を無視する、不感症を決め込む、インポに徹する、戦わない、すべてを曖昧に濁す、他者に対して気兼ねだけを持つ、付和雷同を死守する、自分の考えを持たない――、これらがこの国で生きるコツなのだ。

ところが世界は日一日と難解度を加えている。

《彼ら》は考えている。

なのに……。

いまこの原稿を書いている横で、同居人がテレビで女子バレーボールの中継を見ている。

選手、応援、その表現も行動も、実にヤサシイ。難しいところは何もない。だから現場の日本人たちは実に生き生きとした反応を示している。どこにも悩みなど感じられない。いちいち、成功したからといい、失敗したからといい、選手たちはお互いに手を叩き合ったり、抱き合ったりしている。全体主義の象徴だ。虫唾が走る。

日本は〝ヤサシイズム〟という名の全体主義国家になっていた。

これではヒットラーを批判したりすることはできない。ナチスに熱狂した民衆の様子と、このバレーボールの中継風景と、ニュールンベルグの党大会と、どこが違うのだろう。どこも違わない。寸分たがわず同じだ。どちらも易しいのだ。難解なところはどこにもない。バレーボールの進行は全部理解できる。考える必要などどこにもない。だから民衆は躍り上がり、「ハイル！」と叫びあう。ハイル・バレー！

日本ほどひどくはないが、日本だけではない。

アメリカ主導の世界は、ヤサシイズムの世界である。

かくしていま、世界にはまったく新しい形の全体主義がいきわたった。別名、平易民主主義である。昔からある呼称は衆愚民主主義。

911は、アルカイダのアラブ・テロの仕業である。易しい。

バレーボールの得点と同じだ。野球選手のホームランと同じだ。

こちらもそれと同じヤサシイズム文章を書かねば、このネオ・ネオ・ナチに対抗できない。しかし、困ったことに、悪ほど難解なものはない。それを解説するとなると、もっと難解になる。

難解さを平易さにカモフラージュすることは実に易しい。

その易しさを暴くことほど難解なことはない。

バレー選手の顔、監督の顔、ヘンな紙の棒を叩き合って狂乱する観客の顔を見れば、ヤサシイズムに対抗することは不可能であることがはっきりする。こいつらに、世界は悪の誘導で破滅していると説明することなど、絶対にできない。悪の得点は電光掲示板で表示されない。悪の賞味期限日付も表示されない。

初詣の善男善女。この漢字を「ゼンダン・ゼンジョ」と読んではばからない日本人が増えるほどに、日本人の「無思考善」は浸透する。

教養を失えば失うほどに、日本人は、善人化する。

そしてそれが致命傷となる。この時代、無知善は「致命傷愚」に通じる。

それが《彼ら》の陰謀だからだ。

現在の日本的な善は、悪だと言い切れる。
この根本が洗脳された日本人にはわからない。
もはや、わからせることは不可能なのだ。
だから、
もう完全に嫌になる。
それでも私は書く。
新しいペンネームを作った。泥沼没彦。お粗末の一席。

第一章

ヘーゾーイズムの蔓延

隠された必然の中にあるもの

９１１の真相が、決してアメリカ政府の公式発表どおりでないことを立証する本は、世界中に氾濫している。私が読んだ本だけでも三十冊以上はある。目の前に今山積みになっている。どれも「ヨタ」ではない。どれもその確証は疑いを挟む余地はない。

《どれほど日本語には論理性がなく、味優先で、それゆえ死語化する特性を持っ言語であるかの、わかりやすい例となるのが、右に使った「ヨタ」という例。そもそもは「与太者」のヨタだが、「うすのろ」を意味した。のろい人間でも「薄い」という「味」がつく。英語では foolish, useless で、「味語」ではなく「意味語」となる。ヨタ話となると、say silly things, tell tall stories となる。この「トール」は「背が高い」の意味だが、「大きい」の暗喩から「法外な、大袈裟な、信じられない」を意味する》

話を９１１に戻し――、

私が読んだ真相を分析したそれらの本の日本語翻訳は、一パーセントにも満たないだろう。しかもそれらの本ですら、最近はどんどん絶版になり、消えていく。もはや日本人の興味の対象は、別のことに移ったようだ。執念深く探求するという姿勢は、真実や真理を得る唯一無二の方法だが、そうした「執念」をわれわれは持たない。911も日本人にとっては、情報の一つだった。

歴史の原動力——、という概念が、何事に対しても持てない。

あの事件は、確実にその後の人類の歴史を大転換させる原動力を持っていた。何事であろうと、あれ以前と以後では、すべての「意味」が変わった。しかし、日本人にとっては「意味」の概念同様「歴史」という概念がそもそもないから、何事も変わったようには受け取られていない。十年一日、百年一日、千年一日、万年一日で動いている。

正確な意味で、日本に歴史はなかった。出来事しかなかった。

歴史と出来事を分けるものは、必然性と偶然性の違いだ。出来事に必然性が伴うものは歴史となり、定着し、人類の行程を左右する。どんなに偶然に起きた出来事に見えるものでも、歴史の要素になるものの中には、必然が隠れている。

911には、その必然性があった。

それはあの極悪非道を企画し、実行した側の立場に立ってみないと理解できない。

その立場は、歴史の中から読み取れる。

だが――、
必然という言葉も、偶然という言葉も、そしてこの歴史という言葉自体も、ヤマト言葉ではない。中国からの「頂戴もの言語」あるいは「おすそ分け言語」である。だから、その言葉を使っている限り、理解できるものは、なにもない。

日本が過去も未来永劫も、中国の力を凌駕できないのは、彼らが自前言語を持っているからだ。孟子も孔子も墨子も、自前言語で哲学した。それは西欧人たちと同じだ。極端にいえば自前言語はオノマトペ（擬音語・擬声語・擬態語）しか持たない日本人との根本差である。

歴史は複雑に連関した輪である。知恵の輪に似ている。最高に複雑で難解な知恵の輪である。あるいは、商品名は忘れたが一時流行《はや》った色分けのあるキュービックのオモチャみたいなものだ。六面体を同じ色にそろえるやつだ。あんなオモチャは白人にしか考え付くまい。操作の原理さえ発見できれば、すぐできる。その操作の原理こそ、歴史と似ている。隠された必然の発見である。

規模の大小はあっても、情報は操作された知識である。だが、情報が持つ必然性は、その各情報自体の中にはない。その情報操作過程の中に必然がある。操作の積み重ねと手順が、隠された必然を示す。

操作技術は、日進月歩で発達している。複雑で、微妙で、頭脳的で、心理的な技術、さらにマインドコントロールの悪魔的技術が、矢継ぎ早に、世界的に作り出されている。

油絵の絵の具を混合する技術を思い浮かべればわかりやすい。

私の父は素人絵描きだったが、傾倒していた印象派の画家アルベール・マルケが描く風景画の中の水の色の秘密を知るために、執念を燃やした（たとえばマルセイユ港の海の色とか、セーヌ川の流れの色とか）。父は原画の色に似たような数種類の油絵の具の色を混合し、それを何通りも作り、厚紙に塗り、その紙の中央に円形の穴を作り、それを持って、原画のある美術館に通い、そっと本物の水の色の上に当ててみるのだ。穴の下の原画の色と、その周囲にある自分の作った色の差がはっきりわかる。わざわざ東京から原画のある倉敷の大原美術館まで出向き、どうしても同じ色が出せない苛立ちで帰郷し、また別の色の調合を重ね、穴あきサンプルを作り、再び倉敷に引き返した。最後にはパリの美術館にまで出向いた。マルケの水の色のすべての謎を知りたかったからだ。何の色と何の色と何の色を混ぜれば、その同じ色になるのか。

情報操作には、このような多原色複合がある。

それぞれの混ぜ合わせる素の色は、必然の色だ。ただ上っ面だけを見るだけでは、使われた各原色は識別できない。

知識として示される一色に見える。

911はアラブ・テロリストによるものだ――という色は、リルケの海の色と同じ結果を示す。ブッシュがカンバスに描いたセンタービルの絵の色である。しかし現実（真実）は、たぶん五十以上の必然の原色が混ぜ合わされている。石油という色、麻薬という色、イスラエル問題という色、エトセトラ、エトセトラ。

この必然色を混ぜ合わせてまったく別の情報色を作るのがプロパガンダという筆捌きなのだ。

この場合の画家の名はイルミナティ。

たまたまその日……を取り去ってみる

確かに画家が自分にしか出せない微妙な色を創造するのは、情報の一種だ。刀鍛冶でも、木工師でも、昔の名人と言われた芸術家は、それぞれ独自で秘密の情報を持っていた。現在の大衆操作、マスメディア操作、マインドコントロールも、同じような工夫の積み重ねの結果であり、それを暴くには相当の執念的分析（私の父のような）が不可欠なのである。彼らの「色の調合」は最先端科学技術を総動員したものだ。

そのような情報を捏造し、信じさせ、大衆を誘導するプロセスと目的には必然性がある。示された内容自体の必然とは違う。あくまでその情報の色を作っている元の色に必然性があるのだ。この場合を簡単に言えば、９１１の情報要素の分析である。

個々の要素には偶然性がまったくない。すべてに必然性がある。

その必然性を隠すために、偶然性を使ってカバーする。

だから、出来事の真相を見極めるのに最も有効な手段は、その起きたことに対する情報の中に、どれほどの偶然が含まれているかを見極めることだ。偶然が多ければ多いほど、その情報は捏造性が高い。偶然を取り去れば、残るのは必然要素なのだ。必然には矛盾がなく、偶然には矛盾がある。

９１１に関するアメリカ政府の発表した情報には、偶然がギュー詰めになっている。たまたまその日は……、といった矛盾だ。どんな小さな偶然でも、それを丹念に取り除いていくと、必然要素が残る。

たまたまその日、二十四時間迎撃体制を取っている戦闘機の発進がニューヨークのすぐ近くにある米軍基地から遅れた。

たまたまその日ブッシュはフロリダの小学校にいた。

たまたまラムズフェルドを含め、ペンタゴンの幹部たちは、直撃されたビルの正反対側にいた。

たまたまその日は貿易センタービルのオフィスには、政府関係者は出勤していなかった。

しかもたまたまそのビルの中には、CIAやFBIをはじめとする政府の秘密情報機関が多く入居していて、たまたまそこに保管されていた重要な秘密書類は灰燼《かいじん》に帰し、たまたまその存在が完全に抹殺された。

たまたまアルカイダの幹部はその日ワシントンにいたし、同じようにたまたまテキサスの別荘（ブッシュ家のたまたまご近所）にいたビン・ラディンの一家は、他のすべての民間航空機がアメリカ上空の飛行を禁じられているにもかかわらず、たまたま何機もの飛行機を乗り継ぎ、事件直後に国外に脱出した。

構造学的にも物理学的にも、あの種の外的傷害ではパンケーキ現象でビルが崩壊することはありえないのに、たまたまあの二棟（及びもう一棟）とも、同様の崩壊現象を起こした。

私はすでに証明しつくされた（それが一般論として世界に通用していようがいまいが）911の真相暴露を繰り返すつもりはないから、これ以上は書かないが、たとえばマシアス・ブロッカーズ（Mathias Broeckers）の著書、あるいは膨大で綿密な分刻みの当日へ連動する歴史的事実のタイム・テーブルであるポール・トンプソン（Paul Thompson）の著書（『*The Terror Timeline*』）には、これらの「たまたま」が網羅されている。どこの国の法廷であろうと、私の読んだ書物だけに書かれている物的証拠だけですら、無視することは不可能で、被告「アメリカ政府」は有罪になるものである。

問題は、たまたま彼らを訴えている人々が、あまりにも無力だということだ。

ファイナル・エリートだけが生き残る世界

私がこの章を使って書こうとしていることは、911が《彼ら》の巨大な陰謀だったという真実の上乗せではない。すべては出尽くし、出揃っている。

後は一人ひとりの日本人がそのうちのせめて十冊でも読み（出版社はもっと翻訳すべきだ）、自分で分析するしかない。受け売りでは「へえ、そう……」で終わる。

日本はすべてに対し、「ヘーソー主義のヘーソー社会」なのだ。
英語でも Is that so? という受け答えには、まるで真実味がない。受け流し反応は怖い。真実の発見には、《人間の条件》を総動員しなくてはならず、それが怖いからこそファイナル・エリートは他の人間をロボット症候群に陥れているのだ。たぶんもう人類の半分はヘーソー人間になっているのだろう。

何事であれ、真実を追究し、その真実が作るこれからの歴史が、どのような必然性を持つかという点に頭を絞る。それこそが《人間の条件》である。

その必然性の結論とは、人間が根本的に改造される世界が到来するというものだ。

では、根本的な人間世界の改造とは、どのような世界か?

結論は、哲学性を完全に失う人間の世界である。

ユダヤ・キリスト教の最古の予言「最後の審判」が911だった。

予言が哲学を叩きのめし、《選ばれた彼ら》=《ファイナル・エリート》だけが生き残る世界が到来した。それこそが最後に残った「必然」なのである。「信じるものは、幸いなり」は真実だった。ファイナル・エリートはこの必然を信じている。まさしく、文字通り、最後の審判を一字一句信じ、兎の毛でついたほどの疑いも持っていない。

なぜなら科学的なデーターも、それ以外の必然を完全に否定しているからだ。食糧不足、自然破壊の一点だけをとっても、彼らの必然性は完璧なデーターを示し、最後の審判は必然である。

その真実に立ち向かっているのは、誰か？

《彼ら》である。

ファイナル・パワー・エリートであるイルミナティの人間たちだ。

《彼ら》は必然の行動に移っている。すでに二百年近く。

地球人口の管理、経済システムの完璧な独占（むしろ経済消滅の社会）、地球脱出エネルギー独占管理、等々。

その最終ゴールの切り札は、他の人間の完全な《人間の条件》の剥奪・抹殺である。一言で言えば、ロボパス＝ロボット症候群の完全蔓延、非人間化の推進である。前記したプラス指向の非人間化を自分側に取り入れ、マイナス指向の非人間化を相手方に強制する。

９１１を、ブッシュ政権の公式発表どおりに信じる人間、どのような証拠があろうとケネディ大統領を暗殺したのはオズワルドの単独犯だといまだに信じている人間。だが、それよりももっと鮮明な最終的モデル人間は、日本人。世界中の人間を日本人化することである。

その方法はすでに充分実験済み。

陰謀の核を掘り当てよう

いまだに解けない私の問い、謎は、一体いつごろから《彼ら》が、《彼ら》にとって最も理想的な人類のあり方が日本人の状態だと気づいたのかという点だ。

私の知っている限り、世界のエリートが日本人を研究した例はさほど多くはない。前著でも紹介したが、相当の学者でも、こと日本に関しての記述はほぼ無知蒙昧《もうまい》で、誤解の山である。アメリカでは大戦前、侵略準備としてのルイス・ベネディクトの有名な書物『菊と刀』、また、敗戦後はヘレン・ミアーズの『アメリカの鏡・日本』程度が公にされた本だ。それとて誤解が多い。これだけではとても世界総人類日本人化などという、画期的で、余人の考えも及ばぬほどの最高案が出てくるとは思えないのだ。

となると、やはり『コンドルの七日間』（題名を三日に減らしてロバート・レッドフォードの映画にもなっている）で描かれたようなCIAの支部などが、この世界にも珍しい「家畜人間・ジャップ」の研究を積み重ねてきたのだろう。戦争直後などからフルブライト給費留学生など、日本の若い頭脳がアメリカに召集された。江藤淳などもその中の一人だったが、あのようなろくでもない日本人のクズが、モルモット代わりに研究されたのかもしれない。鈴木孝夫先生など、江藤のことをクソミソだが、確かにあのような男を典型的日本人モデルとして研究すれば、その洗脳のたやすさ、誘導のやさしさ、また、一般的な人間家畜化の手引き材料としては理想的だったに違いない。

その性温厚にして、地球上の人類の例外中の例外、闘争本能ほぼゼロ、嫉妬心ゼロ、執念深さ同じくゼロ、喉もと過ぎれば熱さを忘れ、知性、理性、論理力はほぼ狐並み、言語、特に国語に対する認識・意識ともに幼児並み、借り物言語に痛痒《つうよう》を感じず、哲学志向ゼロ。おだてにはすぐ乗り、《彼ら》の差し金で少し高い地位に就かせれば、黙っていても《彼ら》の意を先取りし、率先して日本人を家畜化させるお先棒を担ぐ。まったくあの当時のフルブライト奨学金で渡米した日本人の全リストでも作ってみれば、そうした証拠が出るはずだ。

その後彼ら彼女らが、どのようなジャンルにおける、どのようなポジションで、どのようなイルミナティ手先活動をしたか。多分アカデミー関係が多いはずだ。教授や教師ほど、この〝使用人〟に適した職業もない。日教組と地下では連動している可能性も高い。中には自分が利用されていることを意識もせず、気づいてもいない日本人も多いことだろう。(『家畜人ヤプー』参照のこと)。

《彼ら》はそのような過程で、まず日本人を〝ヤプー〟に改造し、その研究資料と実績技術をさらに磨き、徐々に世界の他の民族家畜改造プログラムに取り掛かっていったに違いない。

完全成功例は日本だ。

改竄民主主義の浸透。

意味無意味化の実験。

無思考思考(＝無関心)の浸透。

国語の抹殺。言語機能の完全無力化。

これらは、911に対する現在の日本人の反応で、実験を終えたものである。後は、同じ手法のバリエーションを、それぞれの民族に施すカルテへの、最終決済の判子(サイン)待ちなのだ。いや、すでにサインはなされているのかもしれない。

新世紀の新生児、奇形児のヘーソーの緒は切られた。

お粗末の一席。

対抗策。遅まきながら。簡単、「へーそー」をやめることだ。

911で結構。自分で調べ始めること。まだ間に合う。それには英語が必須。敵の言葉がわからないとどうしようもない。本も自由に読めない。何しろ翻訳は少なく、その上彼らの日本語は下手で読めたものじゃない。日本にいるだけでも、アメリカ大使館のホームページを片っ端から読めばいい。関岡ナントカとかいう建築屋さんが、それで本を書いて有名になったじゃないか。陰謀は必ず掘り出せるものだ。火のないところに煙はたたない。

動機は不純でもいい。有名になり金儲けしたいから、陰謀の核を掘り当てる――でいい。命さえあれば、誰かが注目してくれるだろう。少なくとも自分が『家畜人ヤプー』でない自覚は得られる。江藤淳よりましになる。

無意味語で考えている日本人

第二章

友人からの電話——意味について

　このところ、立て続けにオーストラリアから古い友人がこの草深い、というより文明のさいはて、心情野蛮と無知野蛮の僻地、ヤサシイズムのメッカを訪れてくれている。

　涙が出るほどにありがたい。彼ら彼女らは一様に、同じ目的を持っている。私を国外に拉致し、もう一度オーストラリアに連れ戻そうというのだ。私が日本に帰ったのは大失敗、このままでは命がないという噂が、向こうの友人知人の間に広まっているらしい。「安い航空券を手配しました。オーストラリアに戻ったら、当分は我が家で暮らしてください。ちゃんと収入の道もみんなで考えます。しばらくはとにかく、精神のリハビリをしてほしいのです」と、三日前に来た日本人の友人は心をこめて言ってくれた。

「そうは……、いかないよぉ……」

　と、私は鼻水を啜り上げながら首を振った。弱弱しく。

「永住権の失効は何とか取り戻せます。任せてください。老後の福祉も日本とは比べ物にならないほど高い水準です。美しいあのゴールドコーストの浜辺に寝そべって——」

「もう言わないでくれ！　帰国してしまった後悔の念で息が詰まる！」

いつでも迎えに来ます、と彼は帰っていった。

翌日、電話がかかってきた。今度はオーストラリア人の青年、デヴィッドだった。歳は私の息子なみに若い三十代後半。役者のトム・クルーズに気味悪いほど似ている。彼も最近私を訪ねてきた日本人の友人から、私の近況を聞いたのだ。

「なんとしても昔の仲間で共同戦線を張って、もう一度あなたをオーストラリアに連れ戻すキャンペーンを張ろう——ということになっているんです。ぼくも協力します」

とデヴィッドは快活に解説した。彼らは私の経済的苦境も察しているようだ。そのための救済法も策しているという。気持が嬉しかった。そして改めて、このような数多くの友人を残し、知人一人いないネオ・ネオ・ナチの国に戻ってきた自分の不明を恥じ、慚愧《ざんき》の思いに打ちのめされる。

「ありがたいが、そう急には動けない。約束している仕事がある」

と私はデヴィッドにも言った。

「知ってます、聞きました。来年の秋、日本のキューシューでミュージカルの舞台を書いて演出するっていう話でしょ。でも、どう考えても命を代償にする価値なんて、ないんじゃありませんか」

「引き受けた責任がある」

「それも一種の誤解で起きたことだったと聞きましたが」

「そう、日本ではイエスがノーになり、ノーがイエスになる」

話はそう簡単なことではない。だが、この常套句は世界的に有名だから、相手の理解は得られる。じゃあ、仕方ない、その舞台公演が終わったら帰ってきてほしい、とデヴィッドは譲歩して電話を切った。

ここまでこの文章を読んだ読者は思うに違いない。勝手に帰れ。どこにでも行きやがれ、消えてなくなれ、日本にはお前などいてほしくない。自分勝手な救世主気取りはいい加減にしろ。そして最後に小声で付け足す。「お前がいようがいまいが、どっち道日本は滅亡するんだから」

私は救世主など気取ってはいない。私がいようがいまいがいいことも知っている。一日も早く消えてなくなりたいと考えている。しかし、自殺未遂はもうできない。それだけの気力もないし、三回も失敗した経験から考えても、あのバカ騒ぎはもういやだ。

別のことを書きたくて、この電話の話を書きだした。

久しぶりに会話をした気分だった。

それが実に心を和ませた。

自分が人間の一人だったことを思い出した。

電話を切り、大きく深呼吸をし、この不思議な充足感の源を探った。そしてそれが、英語での会話だったことが実に大きな要素だったことに思い至った。久しぶりに英語で話をしたのだ。若い頃、ヨーロッパで暮らしたときは、夢をフランス語で見たりドイツ語で見たりしていた。無論二十年近いオーストラリア暮らしでの夢は英語だった。帰国してしばらくは同じだった。二年ほど過ぎ、日本語になった。今は歌を歌うときぐらいしか英語を口にしない。私はクリス・クリストファーソンの歌が好きだ。たまらなく心を動かされる。次に好きなのがポール・サイモンとニール・ダイアモンド。黒人の歌うゴスペルも好きだし、ガーシュインの『ポギーとベス』は何度聞いても飽きない。シャンソンはアズナブールとモンタンのファンだ。ドイツ語は……、無論ヒットラーの演説のファンだ。『わが闘争』は愛読書。ドイツ語ほど演説や「檄《げき》」に向いている言語もあるまい。カントもヘーゲルも喧嘩腰だ。

デヴィッドとの電話の会話は、そうした歌を聞いたり、本を読んだりした後の爽快感、充足感とそっくりだった。

知性と好色、同時代での差異

話はちょっとそれるようだが……、いや……それない。だから、（難しくないから）すまんが読み続けてほしい。

最近、敗戦後五年ほどの間に出た日本語の文章を多く読む機会があった——という話だ。それらの日本の本は、外国語の本を読むより難しかった。

嘘じゃない。しかも私は、自分が日本語より外国語のほうが得意だなどと言っているのではない。とんでもない。英語より日本語のほうがずっとうまいし、よく知っているつもりだ。

だが、それら昭和二十年代に書かれた本は、旧漢字、旧かなづかい、表現から熟語、どれも今は使われていない日本語ばかりの羅列だった。団塊の世代の子供たちには、絶対解読不可能だろう。そこで考えた。

書かれてからまだ一世紀もたっていない文章でも、これほど異国語化している。

では明治の文章はどうか？　今、泉鏡花をすらすら読める日本人がどれほど残っているか？　樋口一葉は？

　では、江戸時代の文章は？　頼山陽の『日本外史』をスラスラ読める人は？　さらに遡って注釈なしで『平家物語』を読める日本人は？

　平家物語が成立したのは、だいたい鴨長明の『方丈記』と同じころ、十三世紀はじめ、イギリスのジョン王がマグナ・カルタ大憲章に署名した時代だ。ダンテが活躍した時代と日蓮の『立正安国論』、親鸞の『歎異抄』はさほど隔たってはいない。ジャンヌ・ダルクの戦いと世阿弥は同じ時代、デカルトが『方法序説』を書いた頃島原の乱が起き、宮本武蔵は『五輪の書』を書いた。


　ちょっと、ちょっと、ねえ、読み比べてみてよ、デカルトと武蔵の『五輪の書』を。

　何がわかる？

　すごいことがわかるんだ。

　でも、そのすごいことって、自分で発見し、身に染みてわからない限り、人に言われて「ああ、そんなものか」じゃ何の役にも立たないから、書かないけどね。この発見で寒気がし、発熱し、数日寝込むことがない限り、もう、救いはこの国にないんだ。ちっちゃなヒントだけ書けば、武蔵も一応、哲学してるんだ。何しろ日本の「道」はれっきとした日本哲学なんだから。世阿弥の『花伝書』だって同じことだ。

その例をもうちょっと加える。

パスカルの『パンセ』は芭蕉と同時代。スピノザの『知性改善論』は西鶴の『好色一代男』と同時代。ねえ、知性と好色だよ！

ライプニッツの『形而上学序説』は『好色五人女』と同時代の書。ロックの『人間悟性論』は西鶴の『世間胸算用』と同じ時期。

ちょっと、ちょっと、ねえ、悟性論と胸算用！　でも今、胸算用の三文字を読めてわかる高校生、いるの？

ヒュームの『人性論』は石田梅巌の『都鄙《とひ》問答』と同年、ルソーの『エミール』は平賀源内の『風流志道軒伝』、カントと蕪村や本居宣長は同時代、トクヴィルが『アメリカの民主主義』を書いていた頃、滝沢馬琴は『南総里見八犬伝』を書いていた。ドストエフスキーが『虐げられし人々』を書いた同じ一八六一年、河竹黙阿弥は『三人吉三廓初買《さんにんきちさくるわのはつかい》』を書いた。福沢諭吉の『学問のすゝめ』はジョン・ミルの『自伝』と同じ年、ニーチェの

『悲劇の誕生』とも同じ。チェホフは森鴎外、二葉亭四迷、樋口一葉などと同世代、夏目漱石の『吾輩は猫である』はオー・ヘンリーの短編と同じ。ロマン・ローランの『ジャン・クリストフ』が出た年と谷崎潤一郎の『悪魔』の出版は同じ年、ヘミングウェイの『日はまた昇る』は、吉川英治の『鳴門秘帖』と同じ、マーガレット・ミッチェルの『風と共に去りぬ』は野上弥生子の『迷路』と同じ。

ところで、以上のことで、何を一番言いたいか。

外国語のほうは、どれもある程度の語学力があれば、そのままで、今でもすらすら読める。つまり、そんなに今と変わっていないという意味だ。注釈、解説なしに読める。同じ本の日本語訳のほうが、ずっとずっと、難しい。これでは西洋哲学は難解だという通念がいきわたるのは無理ない。彼らの本が難しいのではなく、日本語翻訳者の日本語が下手クソで、難しく、さらにその上、彼らの使った日本語があっという間に古くなり、死語が増え、まるで暗号文みたいになっていることなのだ。

これは現在ただいまの本、コンテンポラリーなものでも同じことが言える。

日本語翻訳の哲学書の類は、さっぱり読めない。まだ小説の翻訳のほうがましだ。なぜなら、小説を訳す日本人は、ある程度日本語を知っている。文学（芸術）指向の人たちだから、文章力も養っている。ところが学術書を訳す日本人は、ほとんど脳みそに思考力を持たない文章音痴の学者が多い。日本の学者、大学教授は無思考思考の代表的存在で、オタク的頭の良さを誇っても、本当に考える力はない。その証拠が、コトバが貧しいことで歴然とする。ワード・バイ・ワードのコンピューター的変換はできても、意味を伝達する言語能力がまるでない。彼らにとっては、意味は二の次。外国の偉い人の本を訳したというハク（箔）が第一義。

だが、それだけではない。

外国語は変わっていない。

日本語はつい最近の日本語、ほんの十年前の日本語でも今と大変わり。極端にいえば昭和期に書かれた本は、すでに古典だ。

ましてや本物の古典となると、外国語以上の難解さ。

完全に異国語と変わらなくなる。

そう、英・独・仏で書かれた彼らの言葉はほとんどその時代から変わっていないんだ！

これは一体どういうことなんだろう。

日本はどんどん本が絶版になり、次々に新刊が出る。それについて前に文句を書いたこともある。しかし、これで納得できる。十年前の本でも、もう古くて読めたものじゃなくなるのだ。だから廃刊になり、裁断・廃棄処分となる。でなければ、大改定をしなければならない。まず膨大な数の漢字をひらがなに直さなければならない。死語の熟語を平易な表現に変え、無論仮名遣いは全部直す。そんな労をとるだけの価値のある本などほとんどない。だから、古本屋を探しまわらねば入手できないつい最近の本が、ゴマンとある。

ところが、ミルの英語も、デカルトのフランス語も、ほとんど今の英語、フランス語と変わっていない。だから絶版にする必要はない。いつでも、現代人がその当時と同じ気分で買って読める。新刊書と変わりない。しかし、誰が一体、本居宣長の本を当時と同じ感覚で買って、今の本と同じ気分で読めるか。ありえない。トクヴィルのフランス語など、今のパリマッチ誌の記事を読むのとさほどの違いはない。

もう一度自問する。一緒に考えてほしい。

なぜこんな違いが起こるのか？

谷崎の本だって、すらすら読める若者なんてもういない。『鳴門秘帖』にも難しい死語になった単語がたくさんある。ところがヘミングウェイの英語は、現在のベストセラー作家のジェフリー・ディーヴァーの英語と少しも変わらない。

すまん、この意味を考えてほしい。

意味――、なぜ英語のミーニング、フランス語のサンス、ドイツ語のベドイトゥングが日本語にすると「意」の「味」となるのだ？

興味も味、趣味も味、気味も風味も味。

意味という言葉は中国製だ。俺の着ているTシャツと同じ。いつごろからこの言葉が日本語として定着したのか？　調べたがわからない。

こんな字を使っていて、意味の意味がわかるのだろうか？

日本語という不完全な言語

そして、突然、雷に打たれたように、デヴィッドとの電話で受けた充足感の正体がわかった。

私は久しぶりに、人間同士、意味を交換し合ったのだ。

三年ぶりに。言語を媒体にし、言語の本来の用途、つまり意味の交換をし合ったのだ！

充足感の正体は、自分が人間であることを確認できたことだった。

相手の言っている意味が百パーセントわかり、自分の話の内容の意味は相手に百パーセント伝わっていた。四、五百年、基本が変わっていない英語で話せたからだ。シェクスピアのハムレットの台詞が、そのまま伝わった。To be or not to be, that is a question. と。彼らのミーニングは、ほぼ永遠だ。ファックが足された程度だ。しかし日本語の変化と、その無意味さは、スラングの増加とはまったく違う問題なのだ。

この三年、私は日本人と、話はし、会話をし、口を利き、日本語の交換をしていたが、意味はまるで流れ合っていなかった。意味の交換はなかった。言葉から意味が失われていた。音だけが飛び交っていた。なぜなら、交換し合っていたのはミーニングではなく、味、テイストだったからだ。甘かったり、しょっぱかったり、酸っぱかったりしたかもしれない。しかしそれらの味は、あっという間に舌先から消える。舌先三寸という表現の本当の「意味」は、そこにあるのかもしれない。相手の舌を刺激しても、脳みそにはなんらの刺激も与えていなかった。相手の言葉も同様、私の脳みそに充足感を与えたことは、誰であろうと、帰国後一度もなかった。それに気づいた。意の「味」だけが脳ではなく、舌にまとわりついては消えているだけだった。

日本語は、実に不安定なのだ。

いつ消えてなくなるかわからない味言葉を使って、意味の交換をしている。

会話も、喋る先からその使った言葉が消えていくような不安感を受ける。

本来言葉は、一つの単語だろうと、念には念を入れた上で生まれ、定着したものである。誤解が生じないように、幾多の無駄と試行錯誤を重ね、この概念、この感情は、このコトバ以外にはないと選別されたより抜きの単語が残り、定着するものだ。ところが日本語は、歴史が始まって以来今日に至るまで、この選別の試行錯誤の段階、その途上にあるのと同じだ。しょっちゅう変わる。それまで使っていた単語が不完全であることが判明する。大急ぎで別の言葉を当てはめる。だが、それが定着するより早く、そのコトバの破壊が進行し、代替物提供なしに消え去る。

当然、コトバと一心同体の「意味」「思考」も宙にさまよう。

誤解を避けるためにもう一度強調したいのだが、私の英語能力は、「知れたもの」である。前に夢も英語で見たと書いたが、それはただ、脳がそのように馴らされていたという意味で、高い語学能力を持っているという意味ではない。たぶんいま留学生試験を受けても受かるまい。

私の体験的な結論は、ただ、日本語が不完全な言語だということである。

私の変節宣言「国語英語論」

私たち日本人は、意味のない世界に生息している不思議な生物なのである。

私たち日本人は、恐ろしいほどに短命な言語を使いながら生きている不思議な動物である。

私たち日本人は、古来の日本語、ヤマト言葉をほぼ完全に失っているにもかかわらず、そのことを少しも不思議と考えない不思議な種族である。

にもかかわらず、私を含め、この日本語が、世界で最も美しい言語であると錯覚している不思議な民族である。

それでいながら、私を含め、万葉集も、源氏物語も、梁塵秘抄も、枕草子も、狂言も、謡曲も、浄瑠璃の清元も、小唄も、都都逸も、泉鏡花も、注釈つきか、現代語訳かでなければ読めず、その現代語も、数年に一度は出版しなおさなければ「古語」の部類に入ってしまう国に住んでいる不思議な国民なのである。

不思議とは「意味を成さない」という意味である。

意味がわからないから不思議なのだ。

ミステリアスでストレンジ。Do you understand what I MEAN?

デヴィッドは、電話の会話の間、何度も、「I mean」を繰り返した。この常套句はフランス語にもドイツ語にもある。たぶんヨーロッパ語のすべてにあるだろう。日本語に訳せば、せいぜい「つまり」と訳すしかあるまい。だが、「つまり」と「私は意味する」とでは、まるで語感が違う。「つまり」には主語がない。「つまり、要するにだね、早い話がだね、突き詰めればだよ、なんちゅうか、ま、どっちかというとだね、考えてみればさあ、な、わかるだろ?」「――?」

なんとも美しい言語である。味のある言語である。

日本語を失ってはいけない。

この世界の財宝のようなコトバを、日本人は死守せねばならない!

――、と、私は前の本にも書いた。

私はそう信じきっていた。

しかし、911を、調べれば調べるほどこの信念は揺らぐ。

911は、死期寸前の私の哲学を根本から覆した。

Is it clear what I mean?(私の意味したことは鮮明か?)

と訊くデヴィッドに、

Crystal.

と私は答えた。水晶（クリスタル・ガラス）のように鮮明で、曇りなく意味が通じたという、これも英語の常套句だ。

９１１の意味は、クリスタルになった。ブッシュのヤラセだなどという、判りやすい幼稚な段階の意味ではない。そんなことは、もう日本人以外の世界の非ネオ・ネオ・ナチ、新全体主義・ヤサシイズムに汚染されていない人々には常識の段階だ。

ブッシュ政権と、イルミナティは、このやさしい事件のやさしい真相を、難しく粉飾し、その難しく粉飾した真実を易しく解説し、その易しい解説を難しい議論に誘導し、その難しい議論を易しく窘《くるし》め、易しさと難しさの間で人々の思考力を奪い、オブセッションに転化させ、難しい易しさをやさしい難しさに終わらせ、結局はウヤムヤに黙らせた。

ここまでの９１１の流れ、プロセス、関係、二重三重の陰謀をクリスタルにするには、意味の積み重ねが必要である。意味の石を、エジプトのピラミッドの高さに積み重ねる「脳作業」が不可欠だ。

で、そのためには、日本語を使っていてはダメ。

日本語では、到底不可能。

日本語自体が意味希薄だからだ。

私は、長年の金科玉条、私の信念、私の信条、私の人格のすべてをなげうって、変節することにする。

日本人は、速やかに日本語を捨て去るべきである。

私は宣言する。

国語英語論の信奉者として生まれ変わる、と。


今まで書いた自著を、焚書にしてほしい。

前書でも私は明治の森有礼《もりありのり》、敗戦直後の志賀直哉を罵倒した。前者は国語英語論で暗殺され、後者は国語フランス語論で顰蹙《ひんしゅく》を買った。

いや、私が間違っていた。お二人が正しい。彼らが今私が考えに考えて、さらに考えに考えぬいたほどに考えて、それらの結論に達したかどうかは、知るよしもない。だが、結論は同じだ。特に明治維新後、蒙を啓《ひら》くことに絶望した森の苦悩は、国語を英語に改めるアイディアを、その最後の策に考えた可能性は高い。日本語を使っている以上、到底彼らの悪に打ち勝つことはできないからだ。

悪はあくまで論理性を必要とする。筋の通らない嘘がすぐバレるのと同じで、高度の悪（奸知《かんち》の限りを尽くした悪）でなければ近代国家も、現代個人も生き残れない。悪は近代から現代のサーヴァイヴァル（生存）手段なのだ。相当頭のよかった森が、しかも白人と密に接して、その真理に達しえなかったと思うほうが無理なのかもしれない。

そして、論理性のまったくない日本語を使っている限り、つまり、その言語を生み出す脳みそを使っている限り、悪は生み出しえない。

めまぐるしく変わる言葉を使って、どうやって悪など定義できるか。昨日の定義は今日はもう死語になっている。

日本人の脳が無意味を生む

ここでもう一つ、慙愧に絶えない変節を表明しなければならない。

角田忠信《つのだただのぶ》先生の研究結果に対する私の反応だ。

これも自分の以前の本に何度となく書いたことだ。その著書『日本人の脳』をはじめとする角田先生の論と研究結果の内容は、今またここに紹介することもあるまいが、海外にも広く紹介され、日本人の脳が世界に類を見ない特殊脳であることを科学的に証明なさった。右脳と左脳の関係がまるでガイジンの脳の働きと違い、日本人だけがこの地上に持っている異種脳なのである。

先生の書物は私が暮らしたオーストラリアの大学の図書館にすら英訳されて置かれている。外国の学者にも広く承認され、ガイジンの弟子も多い。個人的にも何度かお目にかかり、先生への個人的な敬意と憧憬は今でも変わりない。

問題は、この特殊脳が、日本語によって育つものであり、たとえどこの国の人間であろうと九歳まで日本語だけの環境で育てば、その血がどこの血であろうと、脳だけは日本人と同じになってしまうという先生の結論点を、私は高く評価し、日本語を讃美し、愛国心の大きな拠り所と、誇りにしたことである。

つまり今までの私は、日本人の特殊脳を讃美していたのだ。日本人しか持っていない、右脳・左脳混合脳を誇りとしていたのだ。

だが、言語と脳がこれほどに密接に関連しているとなると、日本語を使っている限り、911の「意味」は未来永劫わからず、そのことが象徴するもっと深い「意味」、即ち、アメリカの言うことを鵜呑みにしつつ、彼らの滅亡と心中し、生贄《いけにえ》になることは目に見えているのである。

たとえば、もし本当の意味でのグローバリゼーションがあるとすれば、つまり、真の意味での理想的なワン・ワールド・オーダーが可能ならば、今日にでも国連で、諸国が一致団結してアメリカの巨大な悪を摘発すべきなのだ。

有り余るほどの911捏造・ヤラセの物的証拠、状況証拠を、アメリカ以外の国連加入国が提出し、あの事件がアラブ・テロなどとはまったく関係ないアメリカの自作自演で、それによってサダム・フセインを殺し、イラクを蹂躙し、国際法違反の拷問を実行し、自国アメリカの憲法を無視してアフガニスタンに侵攻し、石油と麻薬の利益を確保し、イルミナティの差し金どおりに動いていることを諸国一致で弾劾すべきなのである。また、あの世界貿易センタービルには、抹消したい数々のアメリカに不都合な国家秘密が保管されていて、それを一時に消滅させ、しかも自らの手で隠滅したのではないと世界に考えさせる手段にも利用された。

911の発生原因・理由は、実に複雑な複合動機なのだ。

人類史を全面的に書き換える、巨大悪の定着を意味する。

しかし、国連にその動きはない。今後もありえない。

なぜなら他国の首脳たちは、すべてわかった上で、アメリカの悪に対抗する悪を発揮させている。目には目を、歯には歯をだ。

世界からのアメリカ弾劾がなされず、また今後もなされえないならば、残る日本の手段もたった一つ、アメリカおよび他の諸国と同じ程度の悪を身につけ、悪には悪で対抗するだけの外交能力と、武力能力を身につける以外にない。

経済・政治を含め、グローバリゼーションがまったくのまやかし論理であることを承知の上で、よりいっそう上手《うわて》の悪の手段を使いながらアメリカの自滅を早めている（現に多くの国がそれを秘かに実行している）他の「悪の枢軸国家」の仲間入りをしなければならない。

ポスト・アメリカの計算は、すでに諸国で始まっているのだ。なぜ日本だけが、アメリカと共倒れをしなくてはならないのか？　そんな義理はまったくない。いや、この「義理」が、日本語にしか通じない「無意味語」なのである。

そしてその無意味を生産しているのが、日本語と直結している「日本人の脳」なのだ。

日本語を使っている限り、生き残る道はまったくない。

日本語はロバの鳴き声とまったく変わらない。

日本語は猿の叫びとなんら変わらない。

日本語には、サーヴァイヴァル性がまったくない。

日本史開闢《かいびゃく》以来、日本人のなした学問はすべて「ミミ（耳）学問」だった。どうしても今、それを「イミ（意味）学問」に変えなくてはならない。

早口コトバは演劇の基本。以下を三回三秒以内で言え。「ミミのイミはイミのミミからミミのイミにイミするミミのイミ」。

お粗末の一席……。

森有礼の先見

第三章

世にも不思議な明治維新

もし万一、この本を書き終えてもまだ私に命が残っていたら、どうしても調べたいことがある。調べて、書きたい。数頁前に名前だけ書いたが、森有礼についてだ。

彼は苦悩したと思う。その苦悩を知りたい。

明治維新と文明開化を、私利私欲に利用した人間は多かった。どの程度それを自覚していたかは知らないが、結果がそれを示す。福沢諭吉など。

明治維新を徹底的に洗い直し、新しい角度で研究すべきだという考えは、長い間の私の宿願で、いまだに果たしていない。世界に類を見ない、不思議で、かつ画期的な特殊革命であったにもかかわらず、その後の日本は忙しすぎ、最大の目的だった〈文明開化〉の起承転結は棚上げにされてしまった。その中途半端な生煮え革命が、現在の日本の苦悩と矛盾の最大の原因になっていると私は判断している。

その中の一つの「無理・矛盾」を象徴するのが、この森有礼と福沢諭吉という二人の水と油のような人間性の違い、そしてそれにもかかわらず、同じ道を歩まねばならなかった当時の現実の中に見ることが出来る。

また、この人間性の違いとは、結局根を掘り下げれば、当時はほとんど異国と変わらなかった地方差、今に続けて言えば県民性の違いにあった。よく知られているように薩摩と長州は敵国関係とも言えるほどの関係だったし、豊後のように、時の利によって地の不利をカバーしたような他の地方出身者との連合だった「文明開化」が、同じ歩調で進むはずはなかったのだ。

これほど狭い国でありながら、当時も今も、日本人性は統一されていない。また、それに気づいている日本人は少ない。明治維新は、革命者同士の間にほとんどコンセンサスの取れていなかった、世にも不思議な革命だったのだ。

日本の県民性の特性というものは、想像以上に根深く存在している。なぜだろう？まだ完全に分析しきっていないが、この問題には実に大きな「日本の要素」が隠されていると思う。もっと科学的で冷静な県民分析は、早急になされるべきだし、そこからトータルな日本民族性の解明と、必要ならばその改革を目指すべきではないだろうか。

今のところ、日本人は日本人として一括されるような特性が薄い。それはそれでよい面もあるだろうが、現在のような全日本民族死活問題の瀬戸際にあるとき、これほど統一性がなく、まぜこぜで、錯綜している国民には、妙薬の施しようがない。青森県民にとっての良薬は、山口県民には毒薬になる。

武光誠さんの書いた『県民性の日本地図』（文春新書）によると、大分県民は複雑な性格を持っているそうだ。情熱的で直情的だが、飽きやすく淡白。禅の信奉者だった豊後の戦国大名、大友宗麟が狂信的なキリシタンに変わったのは、その気質から来る。このような行動は、彼らの計算高さの性格から来る。「大分の赤猫根性」という言葉があり、これはずるがしこく、計算高く、偏狭な性格を表す。

彼らの方言「よだきい」は、自分は嫌だ、という意味で、個人主義的な我儘《わがまま》さ、協調性のなさをあらわしている。義理人情にも薄い。すべて他者のためというより、自分だけへの関心と損得で動く、等々。

この本には、なぜ大分県民がこのような性格になったかの歴史的な裏付けと諸原因が書かれているが、いずれにせよ、私が福沢諭吉に持っている評価と完全に一致する。

私は一時福沢に心酔した。学び、研究した。そのうちだんだん、何かがおかしいと感じだした。結論だけ書けば、そのおかしさとは、彼には個性としての哲学性がまったくなかったことだと発見した。つまり、自利が先に立っている。維新における開化論者、啓蒙を志した人、特に新島襄とか大隈重信のように、同じように大学を開設したような教育者には、宗教であろうと政治であろうと、その思想の根本となる哲学があった。しかし、福沢には、商人と教育を一体化するような発想の小器用さはあっても、例えば命を狙われるような頑固さがなかった。敵がない人間とは、特に明治のような激動期には、それなりの何らかの個性・特質である。当時、文部省は三田にあるとまで言われた福沢のスター性、人気者性は、万遍のない一般受けのする才の持ち主であることの証明である。武光氏の解説にすべて同調するわけではないが、この自分だけへの関心と損得で動く（だからこそスターになれた）県民性は、森有礼の性格と際立って異なり、それでいながら森の作った明六《めいろく》社《しゃ》の同人となり、実に巧みな人づき合いをした経緯を考え合わせても、納得がいくものなのである。

福沢は一見日本のためとか、維新のためとか表面はつくろいながら、その実、きわめてずる賢く、自分の損得は常に忘れなかった。

「赤猫親分」と呼んでもいいのかもしれない。それでいて、常日頃劣等感を持っていた。幕臣の高貴性を持った勝海舟に食って掛かり、『痩せ我慢の説』などという「よだきい論」を書いたりする。だからこそ今度の教員採用不祥事などが起きた。目下日本にとって教育こそが焦眉《しょうび》の急、最大に重要な問題であるにもかかわらず、そんな意識は毛頭なく、全国比較でも、いまだに日教組がのさばる数少ない県である。

福沢と、まったく同時代人間で、しかも同じ時期にアメリカを訪れて、両者ともそれを動機に著書を著わし、かつ各自国での名声を博したフランス人、トクヴィルとの比較は、前書でほんの少し齧《かじ》った。

これほどヤマト民族の劣性が比較として歴然とする例も、滅多にあるまい。パリで生まれて育った青年と、大分県で生まれ育った青年の差とは、これほど大きいのか！　大きいのである。

これは本質論、いまさらいかんともしがたい決定的な「日本人の業」である。

異文化体験の行き着く先

だが、森有礼は違う。

同じ九州だが、鹿児島出身。

まずこれが決定的な「業」の差だ。

一八四七年生まれだから、一八三五年生まれの福沢よりも十二歳年上である。一八八九年、暗殺された。すごいのは、これからの日本が白人世界にもてあそばれることを先見し、危機感を持ち、好奇心を持ち、情熱を持ち、十八歳で沢井鉄馬と変名し、イギリスに留学したことだ。一八六五年のことだ。

わかる！　いや、ちょっと僭越な表現を許していただきたい。私と同じだ。私も同じ歳（私のほうが数カ月後だが）、不可能に挑戦してヨーロッパに渡った。留学など、夢の夢だった敗戦後の時代だ。日本からの留学生など、どこを見てもいやしなかった。今と大違いの日本だ。だが、森の場合はもっとすごい。ロンドン大学に学んだのだ。私など金がないため、大学の勉強はそっちのけで、アルバイトの柔道ばかり教えていた。しかし彼の剣道は、私などに比べようもなく練達の士だった。（の筈だ。なんたって薩摩隼人）。

のち、ドイツ、ロシアを回り教育システムや海軍技術を学び、次にアメリカに渡り、帰国した。私などとは心構えが根本から違う。

あえてわが身を援護し、彼の恵まれた条件を言えば、彼の場合は藩のバックがあったことだ。これは一匹狼、何から何まで自分独りだけで進まなければならなかった私の場合と違う。金の心配も要らなかった。しかも渡英は、十五名の仲間と、ダンゴになったうえの行動で、これも最初から孤独だった私より何倍も恵まれている。

一緒に行った十五名の中には、彼よりも五歳も若い十三歳の少年（磯永彦輔）もいた。ちなみに最年長者は、リーダー格の大目付、新納刑部《にいろぎょうぶ》の三十三歳だった。全員、幕府をはばかって変名を使っていた。

私の受けたカルチャーショックは、並大抵のものではなかった。だが、森の場合に比べれば、雲泥の差に彼のほうが大きかったに違いない。一応私は、渡欧以前にゲーリー・クーパーも知っていたし、ジョン・ウェインも知っていた。ビング・クロスビーの歌った歌は全部英語で歌えたし、見よう見まねでジーン・ケリーのタップダンスも踊れた。何よりも進駐軍のGIからチョコレートやチューインガムをもらい、サンキュー、アメリカン・グードなどと媚びへつらえる闇市少年だった。ハリー・ジェームスに憧れ、日本から持参したトランペットをラインの畔でも、地中海の海岸でも吹き鳴らした。

一方森は、羽織袴の薩摩隼人の精神と経験のまま、慶応元年という時代に海を渡ったのだ。彼ら一同はイギリス上陸直前に、いっせいにチョンマゲを切ったらしい。二本の刀も行李の中に隠した。ペリーが浦賀に来航してから、まだ十一年しか経っていなかった。

のちにアメリカで英語の著書も数冊出版したが、ドイツの教育思想を取り入れたのだからドイツ語もできたのだろう。私と比べるなどおこがましい骨頂で、月とスッポン以上の違いが人間としてある。

ただ――、と言いたい。

森の苦悩が私ほどわかる日本人は、そう数多くあるまい、と。

それが前にも触れた彼の英語国語論に対する私の解釈だ。

ところで以下に書く「森有礼論」（というほどの段階ではまだないが）は、私の造語を使えば「ことよせ論」または「かこつけ論」とでもなるようなもので、それによって無理やり我田引水を図るものである。


《かこつける、事寄せる、は英語では両方とも pretext を使う。これは日本語化している「テキスト」、教科書、本文、原文の意味を持つ text に接頭語の pre（前）がついている。「Text は toil と同じで、weave（織る）の意味を持つ。つまり、織物、布のことで、トイレも同じ、小さな布が浴室、便所のイメージに重なった。かこつける、口実は、前もって織られた布、つまり前もって用意されたテキストの意味。しかし漢字で「託つ」と書かれても、誰が何を誰に託すのかそれ自体の意味はなくなる》

森有礼に関し、できる限りの資料は調べたが、どうも彼の評価は福沢ほど高くないらしく、したがってその資料も少ない。彼が鹿児島出身であることを知らなかった鹿児島県人もいた。

そこで、最初に告白しておけば、彼の考えたことの大半は私の想像である。しかし、私にしか持ちえない信憑性ある憶測だという自負はある。無論できる限り資料の裏付けは取ってあるが。

それはまず渡欧し外国を肌で知ったときの年齢の近似性、それも彼の場合は薩英戦争の敗北の経験を持った上であり、私は大東亜戦争の敗北だったという同一性、また、資料や彼自身が書いた文章から明らかに浮かび上がる彼の性格と私の性格の同類性などから生まれるものである。

特に、彼の「国語廃止論」「英語国語論」は、ありえない空想論に近いものであり、非現実性の高いものであり、彼自身、幾分はその事実を知ってはいても、それでいながらも、この思い（アイディア）がいかに切実な現実感に基づいたものだったかという点は、今の私にしか血肉で理解できないのではあるまいか。

もしあの時（歴史に「もし」は禁句であることを承知で）、国語を英語に切り替えていたなら、今の日本がこれほどの惨状を呈していないことだけは確かだと信じる。簡単な理由は前章に書いたとおりだ。

つい最近まで、(これも前に書いたことだが) このような暴論を吐く文部大臣など暗殺されて当然だろうと単純に反応していた。今でも同じような世論を巻き起こすだろう。周知のように、彼が刺殺された直接の理由は、国語問題ではない。それ以上に無意味な誤解によるものだった。しかし、そのような誤解を生む下地に、こうした彼の「画期的な暴論」とでも呼べるラジカルな言動があったに違いない。一般に、あまりにも偏った白人崇拝者と受け取られていた。極右は極左に共通するといわれるが、強い愛国心は、強い自国嫌悪に結びつく。愛しさあまって憎さが百倍、は今の私だ。

十九世紀のヨーロッパとアメリカを冷徹な頭脳で見た彼にとっては、たとえ命を懸けても価値のある提言が、日本語廃止論だったに違いない。(と、ことよせ、かこつける)。明治の日本は、今以上に「借り物言語・頂戴物言語・おすそ分け言語」と、それとはまったく異質で合致性も合一性もないヤマト言葉の混合で運営されていた。

文章は候文、漢文、市井の会話はベランメーか方言の無意味言語、白痴言語。重要な《人間の条件》に含まれる「知っていなければならない哲学単語・理論語」は皆無。ラジオもテレビもない時代、各方言の接触のなさを、今の人はわかるまい。ほぼ外国語に近い違いのある場合も多かった。だから教養のある連中は、共通の漢文知識をフルに活用し、筆談ないし、手紙文章などでコミュニケーションを取り合った。

哲学はよくて孔子時代のものか、「いろはがるた」の文章。それも「翻訳もの」の欠点が満載されている。一知半解、隔靴掻痒、長屋のご隠居さんと熊さんと八さんの掛け合い全盛。タイラバヤシカヒラリンカ、イチハチジュウノモックモク、ヒトツトヤッツデトッキッキが日本人の読解力の代表（知ってますか、この落語？）。後に彼自身も関与した教育勅語の文章など、涙ぐましいギリギリの折衷案的日本語に徹している。

今でも日本は世界でも文盲率の低い国。それを誇りにしている。だが——。

私にはそうは思えない。字が読めたって意味がわからなきゃ、なんになる。

第一、一体何を読んでいるのか？　メール通信のバカ丸出し文。安売り広告文。

確かに文明開化以来の日本の教育普及は目覚ましいものがあった。しかしそれによって何を知ったのか？

若い頃から私は、これほど勉強好きな日本人が、その実、頭の中はからっぽ、何も知らないのと同じほどに無為無策な日常を送っていることが、不思議で仕方がなかったのだ。

この不思議さは、明治の啓蒙先導者たちが抱いた疑問と、本質的に同じだと思う。なぜ同じ人間なのに、彼らの作った文明がかくも「富強」をもたらせ、なぜ我らの文明がかくも「貧弱」なのか？

日米（不平等）条約改正のため、岩倉具視を団長とする使節団がアメリカに渡った明治四年（一八七一）の目的も、そのための「文物調査」を兼ねていた。

《これを正理に照らして不当の事と認むるときは、勉強して平均ならしむる方略を考究し、その国体政俗を変革改正せざるべからず》

と彼らの作った「事由書」にも書かれている。

すでに勉強好きな日本人の「勉強」の字が見えるが、今この日本語を自然に理解できる人はあまりいないだろう。実際のところ「国体政俗」はその頃よりずっと低下している。ほとんどゼロになっている。

『西洋教育の発見　幕末明治の異文化体験から』（石附実著）という本は、いまやほぼ入手不可能な名著である。この時期の日本人の情けなくも滑稽、あほらしくも必死の姿が、特に明治四年の岩倉使節団の渡米と渡欧の様子を通じて研究されている。もっともこのときも、またこの前後も、全般を通じて最も活躍した肝心要の森有礼に関しては、わざと意地悪をしているように触れず、無視している。やはり彼は人気がなく、私にしか理解できない人物だったのだろう。

また、この著者は、当時の日本人が欧米の生活環境や文化文明に慣れていなかったために起こした無残な失敗や誤解、無知と恥かきを紹介しているが、私に言わせればこの時代の日本人が最も慣れていなかったのは、その風物・習慣などよりも「人間」だったのだ。私のこの解釈、観念は、明治とその時代を書いた歴史書にも、文学書にも現れてこない。「同じ人間とは思えない」とは感じただろうが、それは今で言う「人間」ではなく「ヒト」だったはずだ。だから彼ら明治日本人にとって、人間としての西洋人よりは、猫とか犬とかの動物のほうがずっと慣れていた。とるべき反応、対応はもとより、全体的な人間の扱い方がさっぱりわからなかった。

だからこそ、アメリカ人がピアノで歌を歌うのを聞き、肝をつぶした。人間がこんな声を出して歌うなど、想像もできていなかったのだ。随行員の一人は次のようにその感想を書いた。「その声、世更けて、犬の吠えるが如し。西洋人の音声さらにたたず、いと苦しき様にきこゆ、笑いに耐えかねし」と。

そして何よりも重大なことは、今ですら、二十一世紀の今日ですら、日本人には、自分が「人間」であるという観念が非常に薄いのである。今ですら、ガイジン慣れと人間慣れを区別できず、混同し、その理解と慣れを個人的な視点での対象に置き換えてしまうが、実は、最も不慣れで、その実態がまったくわかっていないのは、外観としてのガイジンではなく、人類としての「人間」なのだ。

神に近づくか、動物に近づくか

ところで当時のアメリカはどうかというと、まさに911の曙時代とでも呼びたい時代を迎えていた。

南北戦争の英雄グラント将軍が第十八代の大統領だったが、今のブッシュと同じ程度の無能、ただ大資本家の傀儡《かいらい》で彼らの陰謀の手先だったこともブッシュと同じだ。政治の腐敗はもちろん、ピューリタン的な伝統も廃れ、消費と物質文明がパワー・エリート指導で動き始めていた。

ワシントンに日本最初の弁務使館を開き、今で言えば駐米大使の役を持った森が、この風潮、即ち現在に続く彼らのどす黒い悪の正体に気づかなかったはずはない。だがたぶん、その後に条約改正にやってきた他の日本人政治家には、木戸孝允を含め、この深い底流までは神経が行き届かなかったのではあるまいか。その後の森と木戸の憎しみ合いには、対米意識、対世界観などのギャップが大きかったと私は信じる。

木戸だけではなく、森には日本の政治家のほとんど全員が、いま私の感じているのと同じ感慨、つまり何も知らないノーテンキなアホたち、を感じていたに違いない。後に北海道開拓を一任された黒田清隆に対しても、彼が森を訪ねて歓談した後の印象とし、「不毛な日本人」(those deserted Japs) と罵《ののし》っている。こうした気持を森は友人への手紙とか、後にはアメリカの新聞への寄稿、また単行本の出版などで文章表明しているのだが、どれも英文を使っている。私も時々日本人をジャップと罵りたくなる。だから彼のこの言葉遣いにこめられた悲憤(悲しみと怒り)は痛切に感じ取れる。忘れてはならないのは「悲しみ」の部分も実に大きいということだ。

この日本民族の決定的な後進性、愚かさの正体は何か。彼も私も日夜といっても過言でないほどに考え続けた。彼同様、その一原因にキリスト教を筆頭とした宗教と人間の関係があると私も考えた。彼にもその同じ思索があったとは知る前からだ。

日本人と違い、特に白人種にとって神の存在、強力な宗教観が不可欠なのは、犯罪防止に法律があるのと少しも変わりなく、人間に恐怖心を持たせる手段だった。死刑の代わりにキリストが存在するのだ。白人の先天性にある極悪非道な野蛮性は、キリスト教が表看板とする「愛」などの通念で救えるわけはない。現に歴史的にも現在も、カソリックの本山ローマ法王庁で、どれほどの陰謀と金銭汚職がはびこっていることか。

だから、かつての私の「日本人無宗教人間」に対する日本人弁護の論拠は、野獣性の強い白人やユダヤ、アラブの民族にとって、一神教的な絶対的な威圧存在が不可欠だったというものだった。「精神死刑」の恐ろしさを宣伝し、洗脳する手段がキリスト教の根本だ、と。人間を超える神の存在を信じない限り、そして神の裁断を絶対視しない限り、また、その裁断に彼らの持っているのと同等同質の残酷な報復行為が付随しない限り、完全な共倒れ現象が起き、白人種は殺し合いの果てに滅亡したに違いない。だが一方、温厚な植物的人種である日本人には、そのような過酷で報復的な一神教の存在は不必要だったに違いない、というものだった。

だが、この私の考え方も、最近完全に変わった。くつがえった。

日本人のこの救いのない「人間無関心」の性癖の原因は、やはり人間と対照されるところの神の存在に無関心だからなのだ。

人間を磨く動機は、人間以外の存在との対比においてのみ可能なのだ。

日本人の決定的な人間後進性は、対比感覚、対比思考回路が完全に欠落している点なのである。だから対比感覚から生まれる嫉妬心も薄い。劣等感は生まれても、革命を起こすまでの平等渇望は生まれない。逆の発露である他者への侮蔑感、差別感も白人に対比すれば、ないに等しい。優越感が薄いのだ。形だけ、形式的な優越感は持っても、それが自己の個性や信念を支えるような「人間尊厳」意識にまで高まらない。真に自分を誇る意識が、ほとんど皆無に近い。

しかし白人、彼らにとっての対比感覚は強烈で、何万年も前から、神と動物の二つの間で葛藤した。

神に近づくか、動物に近づくか。

神に近づけば救いが生まれ、動物に近づけば魂の救済はなく、デーモンの生贄になり、地獄にさまよう。ダンテもゲーテもそれを書いた。いや、そうしたストーリーは、それこそ西欧には掃いて捨てるほどあるし、絵画もゴマンとある。

自分たち人間は、一体、より神に近い存在なのか、それとも動物に近い存在なのか？どれほど多くの賢者、哲学者がこの対比問題と対決したことか。どれほどの深い悩みを持って、解答を捜し求めたことか。

それこそが、キリストといった単独の固有名詞の存在を超え、白人種の文明の優勢を培った。明治日本人が求めた彼らの「国体政俗」の優位性の根本は、そこにこそあったのだ。

――、と今では私も信じている。

森も同じ意味で、キリスト教を見たのではないだろうか。

いや、絶対にそうだったと私は信じる。彼は新島襄などの多くの明治エセ・インテリたちと違い、〈浮かれキリスト教信者〉〈エセ帰依者〉ではなかったのだ。

未開な人間に最も手っ取り早く知性と教養を身につけさせる方法の一つが宗教なのだ。特にキリスト教は、実際《彼ら》がアフリカや南米を植民地化すると、教会を建て、布教に努めた。それは帰依者を増やすという第一義的な目的のほかに、野蛮人を文明人に仕立て上げる即席効果があった。宗教は強制的な教育を、その強制性の印象として薄める効果がある。森はキリスト教自体の宗教性よりも、このインスタント教育性のほうに着眼したに違いない。

その意味でも、木戸が誤解したような「洋癖」を持った「我国の風俗を卑しめる風説」論者でもなく、ただの西洋かぶれの「白人敬慕」者でもなかった。

――、と今や私は信じて疑わない。

森の日本語廃止論も、同じような流れで見ない限り、誤解は続く。

彼らの言語（コトバ）は、原理として神の言葉なのだ。

聖書とコーランのコトバである。

これを仏典と経の言葉と比較すれば歴然とその意味するものの違いがわかる。

前者が追究するものはあくまで理知による贖罪《しょくざい》方法であり、後者の与えるものは直感的な涅槃《ねはん》思想である。鮮明で明確で、間違い得ない（どんなバカにも理解できる）「意味」の伝達は聖書の世界である。不鮮明で味による輪廻転生論は仏教の得意とするところだ。とり方次第ではなんとでも解釈できる。だからこそ、インド仏教とシナ仏教は違ったし、日本に渡れば、さらに似ても似つかぬ論法が生まれた。仏教に議論はない。コトバを使う告白もない。長々しい説教もない。不立文字だ。

今でも毎日曜日の教会の神父・牧師の長広舌説教と、隣の坊さんの世間話を比較してみればいい。日本に説得術・レトリック、形而上学理論をわきまえたボーサンなど、一人もいるまい。

そんなコトバを使っている限り、白人文明は日本文化を食いつぶす。

――、と森は痛感した。

意味を無視、ないし軽視する人間など、人間ではないのだ。

人間としての最大の弱点であり、神から遠く、動物に近い存在である。

神は主語である。日本仏教に主語はない。森の宗教論を私なりに解釈し、なぜ彼が、その教育論の根本に政治による宗教的指導を謳《うた》ったか、わかる。キリスト教には知性があり、理論があり、意味があるからだ。そしてそれはコトバを（彼の場合は英語を）仲介とするものだった。

それを最も鮮明に象徴するものこそ、西洋の「意味の詩」と、日本の短歌・俳句の持つ「意味軽視」あるいは「意味蔑視・無視」、「味優先」の言語の利用法の違いなのである。

そんな国語を使っている限り、日本に未来はない。

一句浮かんだ。
――アメリカや　ジェット飛び込む　ビルの音
お粗末の一席。

第四章

知るしかない、人間を！

白人の正体に気づいた森有礼

森有礼に「ことよせ」、「かこつけ」た私の我田引水論を続けたい。ぜひ続けさせていただきたい。

いつものように私の書く文は難しいと、ここで打ち捨てられるのは覚悟である。だが、いかにこのことが重要なことか！

無論すべてが手遅れであることは知っている。

いまさら日本を救う手立ては一切ない。

だからといってすべてを放棄するわけにもいかない。

最後の日まで生き延びる道は探さねばならない。

森も同じ気持だったのだ。

彼は暴論を承知で暴論を吐いた。なぜなら、日本で正論を志せば暴論とならざるをえないのである。どれほどそれを私も実体験したことだろう。日本語を使った日本人の頭脳では、愚論しか生み出しえない。角田忠信説を逆手に取るようで本当に慙愧なのだが、日本語を使った脳は世界の他の人間とはまったく違った反応しか取れなくなるのだ。それは「頭が悪い」ということとは、まったく別のことだ。使う言語があまりにも不完全なのだ。

森の国語廃止論は、それほどはっきり「論」として主張されたものではない。これも彼の真意を理解できなかった当時の人々が過剰反応した結果だった。彼はこの「論」を『日本の教育』(『*Education in Japan*』)という本で一八七三年、滞米中に発表した。全文、英文である。それは日本語では書きえない内容だったからだ。不完全な日本語の実態を不完全な日本語で解明・説明・表現することは、ほぼ不可能であり、現在こうして、たった今、私が味わっている矛盾と同じなのだ。

だからこそ森は英語で書いた。もし私に彼ほどの英語能力があったら、この本も躊躇《ちゅうちょ》なく英語で書いたに違いない。

そこが一般の日本人、特にその時代の日本人にはわからなかった。決して英語が堪能であることをひけらかしたり、優越感を持ったりする意図ではなかった。だが、そのことがまず他の日本人には理解できなかった。しかも大半の人は、無論明治政府のエリートたちも、英文のまま読んだ人は数少なかったはずだ。誰かが日本語に翻訳したものを読み、それによって反応し、反感を持ち、彼を弾圧した。

私はこの原文を入手するのに大変苦労した。

現在でもこの彼の「論」は、一部分の抜粋翻訳に頼っている。あるいは、歴史書の中などでその著者の私見をまじえた紹介文、あるいは解説文の形をとっているもののみ。普通の日本人には内容を知りえない。

それではわかりっこない。

彼の伝記を含め、彼の全著作、あるいは残っている手紙の文章等、すべてを知り、その上、原文の英文で通読しない限り、真意は伝わりっこないのである。

それだけでも、まだ不充分だ。

彼が結局つまらない理由、まさに日本人の愚かさを代表するような理由で暗殺されるまでの心理分析が不可欠だ。彼は結局命を懸けたのであり、そのすべては「苦悩」、深い深い苦悩から生まれたものだった。

この苦悩の内容を理解できない日本人に、ただ「国語廃止論」「国語英語論」だけを抜き出して考えてわかるはずがない。苦悩の中心は憂国なのだ。

一体今、森と同等・同質の憂国の思いを持っている日本人が何人いるだろう。今ですら！　だったら、あの明治の初期に、上っ面だけの憂国を踏み越え、現在、今日の日本の姿を先見し、世界を知り、英語を知り、何よりも白人の正体を知り、それに対面する同胞の無知蒙昧を知り尽くした日本人が、森を置いてほかにほとんどいなかったのも当然なのだ。あの時点で、彼の「論」を擁護し、賛意を公然と示した日本人が一人でもいたか？いなかった。

彼の深い孤独感を誰が今も憶測できるだろう。

彼はある意味で911以後の世界も感じることができていたと思う。彼は世界の恐ろしさを知っていた。白人の残酷さ、狡猾さを知っていた。

そこで――、

彼の国語批判を、原文で書き写す。

今も書いたように、この英文はなかなか見つからなかった。鹿児島に住んでいる友人が、相当の苦労の末見つけ出し、コピーして送ってくれた。彼女の努力に感謝する意味でも、ぜひ原文のまま読者も読んでほしい。文脈、行間に森の思いが満ちている。

前半は日本史の概略に当てている。すでに読者の主流はアメリカ人を含めた白人に設定している。日本人にわかってもらえなくとも、せめて、ガイジンにはわかってもらいたい、一部の心あるガイジンに。その気持も、私にある。なんとも情けない話だが、事ここまで至ると、藁をも掴む気持ちで、せめて外人でもいいから理解してもらいたくなるのだ。そして、後に述べるように、彼のアメリカ人の秘書は、彼の苦衷《くちゅう》の内容を理解していたのである。

国語廃止論に関する記述は、終わりのほんの僅か、書籍の一頁分にも満たない。まず彼は日本語のほとんどがその源流に中国語（漢語）があることを指摘し、もともとの日本語がいかに貧弱なものだったかを指摘している。

The style of the written language is like the Chinese. In all our institutions of learning the Chinese classics have been used. There are four different methods of writing a character, and all of them are of Chinese origin. These methods differ in the degree of their complexity, and are graded according to their simplification of the Chinese character. The words in common use are very few in number, and most of them are of Chinese origin. There are some efforts being made to do away with the use of Chinese characters by reducing them to simple phonetics, but the words familiar through the organ of the eye are so many, that to change them into those of the ear would cause too great an inconveniences, and be quite impracticable. Without the aid of the

Chinese, our language has never been taught or used for any purpose of communication. This shows its poverty. The march of modern civilization in Japan has already reached the heart of the nation, the English language following it suppresses the use of both Japanese and Chinese. The commercial power of the English-speaking race which now rules the world drives our people into some knowledge of their commercial ways and habits. The absolute necessity of mastering the English language is thus forced upon us. It is requisite of the maintenance of our independence in the community of nations. Under the circumstances, our meagre language, which can never be of any use outside of our islands, is doomed to yield to the domination of the English tongue, especially when the power of steam and electricity shall have pervaded the land. Our intelligent race, eager in the pursuit of knowledge, cannot depend upon a weak and uncertain medium of communication in its endeavor to grasp the principal truths from the precious treasury of Western science and art and religion. The laws of state can never be preserved in the language of Japan. All reasons suggest its disuse.

何たる切実さ。何たる真摯さ。
何度読んでも、涙が出そうになるほどである。
理路整然、どこにも過激で狂信的な表現はない。

一つ一つの単語の選択も慎重であり、適切である。それがわかっていただきたく、あえて和訳しなかった。日本語を撤廃し、国語を英語にしろという決め付けはどこにもない。日本語の不完全さと不便さを説き、英語にすべきではないかと提案している。原文を読む前、私はそれまでの風説から、もっと露骨で独断的なものかと誤解していたのだ。

この後ほんの数行、彼は今後の日本と日本人の抱負を述べ、西洋文明を導入し、世界の人々との友好を深めること以外に何の野心もないと誇らしげに締めくくる。日付はちょうど日本が初めて西洋と同じ太陽暦を導入した明治六年の一月元旦、一八七三年の西暦年数を記す前に、彼は紀元年の二五三三年と記入している。

ことよせて言うならば、かこつけて書くならば、どっち道、完全に本来的な日本語をわれわれは持っていないのである。

ヤマト言葉によるコミュニケーションは、はるか昔に消えている。ましてや知的な会話、文章で使う単語、言葉、語彙、表現は、すべてシナ製の「おすそ分け言語」である。だったら、なぜ今、その分を英語に切り替えてはいけないのか。

どっち道、かつての日本人（縄文直後の日本人）も、合理主義的理由でヤマト言葉を廃したのだ。

たとえ組織的で人為的でなかったとしても、それが縄文以来の日本の合理性だった。奈良、飛鳥、平安と、日本はせっせと外来語と外来文化をその言語とともに摂取した。なぜなら文化と言語は一体である。もし当時も漢語を毛嫌いし、完全に足りないヤマト言葉だけで中国文明を模倣しようとしても、無理な話だった。

なぜ、それなのに、まったく同じ時代条件であるにもかかわらず、明治にアメリカではいけないのか。

至極まっとうな正論である。

だが、正論は愚論となる国だ。愚論が正論となる国だ。その原因は日本語の曖昧さである。だから英語にしようと言っているのだ。英語の持つ論理性で読めば、他の感情論、味論が入る余地はなくなる。

そして何よりも、平成の今、この日本で何が起きているか?

日本語もメチャクチャ、外来語もメチャクチャ、まさに「元」も「子」もなくなっているのである。

英語もなければ日本語もない、猿語のケータイ語だけがのさばっている。もし「森論」

があのとき通っていれば、少なくともいま日本人は、911の真相を下手で誤訳の多い邦訳抜きで読めたのだ。それだけでも、どれほどのプラスになることか！

人間性への関心を高める

森の心境を最も正しく観察し、伝えたものは、前に少しだけ書いたようにワシントンで彼の私設秘書として日常を共にしていたアメリカ人、チャールス・ラマンの残した言葉だろう。

ラマンはそれ以前にも、森との共同研究として『米国における生活と資源』（『*Life and Resources in America*』）を出版している。森に雇われる以前、彼は『デイリー・クロニクル』『ニューヨーク・エクスプレス』などの新聞で記者として、編集者として著名人物になっていた。上院議員の秘書、下院図書館の館長も勤めた。ただのセクレタリーではない。当時のアメリカでもトップクラスのインテリだった。

彼は一八七二年、森を回想し『アメリカの日本人』（『*The Japanese in America*』）という一文を公にした。そこに彼は次のように書いた。

《西洋諸国のさまざまな関心が、東洋諸国の間に広めた影響は、今までは有益であるより、むしろ有害だった。すべての東洋諸国と同様、日本国民は人間性へのもっと高度な関心が強化拡張される必要を痛感している。そしてそれこそが、森さんが日本国民を教育するためにできる限りのことをしたいという日ごろ抱いていた根本の願いだった》

これは非常に心ある森への援護射撃だ。アメリカ人ならわかったのである。

西洋諸国の関心の中には無論、侵略、植民地化、奴隷化がある。今と同じだ。それは有益（beneficial）よりも有害（injurious）である。そして、その彼らの有害悪を見破り、しかもその悪に対抗する手段はたった一つである。即ち「人間性」への関心（interests of humanity）をもっともっと高めることである。

人間性――、

問題はこれだ。

この言葉の含意が、どれほど読み取れるか。

白人を人間とするならば、その諸条件を満たす要素の何パーセントを日本人が持っているか。技術的な能力要素ではない。知識的な能力ではない。

能力は一切関係ないのである。

もっと本性的な諸条件だ。

人間であること――、
日本とまったく違う自然環境、社会環境、歴史環境が何万年もかけて彼らに培ったもの。つまりルイス・マンフォードの言う《人間の条件》が、どれほど日本人に通用し、フィットし、共有されているか。

ホモ・サピエンスの定義の、一体いくつが日本人に適応するか。

ほとんどゼロに近いのだ。今でも。

では、日本人こそ人間で、相手は人間ではないと断言したとしよう。そんなことは実にたやすい。いつでも言える。だが、それで何が変わるか。明治以来を考えるだけでもいい。一体日本人によって世界が変わったことが一度でもあるか。人間社会の潮流を、日本人が握り、方向を定め、誘導し、左右したことがあるか。

せめて、その正体を国民が把握し、理解し、善導(よりよい人間社会を構築するために役立つ)したことがあるか。

現実は「何もわかっちゃいない」「知ったこっちゃない」「関係ない」「ブッシュの言う

とおり」「原爆落とされてもゴメンナサイ」「自国民を拉致されてもゴメンナサイ」「郵政民営化？　なんじゃ、それ？」「911？　ああ、あのテロのワルモノ」……。

では、さらに、なぜこれほどまでに日本人は非人間なのか。

それはわれわれが cannot depend upon a weak and uncertain medium of communication in its endeavor to grasp the principal truth（最重要な諸真実を把握しようと試みる上で、貧弱で不精密な日本語を媒体とする限り、無理／意訳）なのであり、the laws of state can never be preserved in the language of Japan（国家存続の諸法は、日本語を使っている限り金輪際自分のものにすることはできない／意訳）だからなのだ。

知ると学ぶ、かくも大きな違い

意味が「味」である限り、日本語は無論理である。味で理解できるのは『論語』どまりだ。「友達が遠くから来る、楽しい」は理解できる。鎖国のおかげで、明治まではそれでやってこられた。その日本人の歩みは、人間の歩みから考えれば異常であり、特殊であり、奇跡だった。だが、森は「このコマーシャルの時代、この蒸気と電気の時代」、もうそれではやっていけないと書いている。そして今は、エレクトロニクス時代、人間工学時代、マインドコントロール時代、宇宙時代である。

911の時代、三百人委員会の時代、イルミナティの時代である。

資源枯渇時代、自然破壊時代、貧富差最大拡大時代、人口過剰時代、食糧完全不足時代である。

意の味では、決して決して解決できない時代である。

最初の生贄が日本民族となる時代なのだ。

なぜか？

多少暴論承知で、その条件を考えてみよう。

日本人は知る欲望が極めて弱い。

教えを受けて学ぶ欲望は強い。

この二つは別のことだ。

学んで知る——というのは錯覚だ。

学んで覚えるだけだ。

覚えたことは知ったことにはならない。

覚えたこと以上の内容がわかること、それが知ることだ。

犯人探しの刑事か探偵の感覚が、知ることのコツだ。

自分で犯人を探し当てる過程だ。

学ぶことはすでに他者によって逮捕された犯人の名前を教えられることで、自分自身の捜査過程は、まったくない。

知る原動力は自発力だ。

学ぶ原動力は他律的だ。

教えは〝請う〟ものだが、知る過程に〝乞う〟姿勢は不要である。

一人でできる。

独立不羈《ふき》が知る根本だ。

自分独りだけの体験で何かを学んだと感じるときはある。自分で自分を教えたときだ。そのときだけ、学びと知るは一致する。（この差は、あくまで言葉の意味選択の違いで、私は他者の関与したもの、他人の匂いが付着したものを獲得するプロセスには「知る」という言葉は使わない）。

学校教育で、何かを知ることがあるか？

ない。

教えられて覚えるだけだ。覚えたことを採点される。一人で知ったと考える生徒は、先生の目の敵になる。そこで知る欲望は消される。優等生になるには、知るよりも覚えることだ。

知ることは、そのプロセスに意義がある。

覚え学ぶことは、結果だけに意義がある。

知ることは個人の個性に深く関係する。

学びに個性は不必要だ。

知ることは発見だが、学ぶことは獲得に過ぎない。発見感覚は一切ない。それで満足することに慣れてしまうと、発見したいという欲望を殺す。疑いの欲望を殺す。「叩けよ、されば開かれん」のドアはどこにもない。障子・襖は開けっ放し、どの部屋にも鍵はない。第一、障子を叩いても音が出ない。

日本家屋式教育である。

西洋館を建て、鍵を作っても、使わない。無理やり鍵を誰彼かまわず押し付け、中に入りたくもない人間を押し込んだ。

それが明治以来の日本の教育方法である。

中に押し込んでも、盗む金庫もない。現金がそこらじゅう、畳の上に散らばっている。ほとんどが贋金《にせがね》で使えないのだが、それさえ疑わないで、ポケットに入れる。これでは疑惑能力も育たない。

知るということは、厳重な玄関の鍵をこじ開ける行為に似ている。家の中にどんな宝が隠されているかは、二義的な問題だ。とにかくドアを開けたいのだ。そのため、数々の鍵を差し込んだり、斧でぶち割ろうとしたり、蝶番《ちょうつがい》を壊そうとしたりする。散々苦労し、怪我もし、くたびれ果てたすえにやっと開く。

それだけの個人的動機で苦労して知ったことは、別に保管しなくても十全である。すぐ忘れたとしても、知ったことの意義は消えない。

だが保管されない学びは無意味となる。たとえそれが贋金でも。

しかし、いまや、保管され得る学びは、すでに人間よりもコンピューターのほうが優れている。

だったら、学ぶ必要はなくなる。コンピューターの操作さえ覚えていればすむ。

だが、それこそ人間の非人間化を意味する。

《人間の条件》への一切の無意味化である。

人間の家畜化であり、ロボット化であり、イルミナティの画策の成功を意味する。

知ることの欲望は好奇心と情熱を不可欠とし、この要素抜きで知ることはできない。学ぶことに内発的な欲望衝動は無関係である。外的条件が学びを促進する。

知ることは強制できないが、学びはできる。

知ることは試行錯誤（trial and error）によって生まれるが、学びにはない。故にエラーでもひとたびそれを学んでしまった後では、トライアルが効かない。

最も失敗の少ない方法が学ぶことだが、同時に最悪の失敗を招く元となる。

トライアルの反復を条件とした「知ること」は、最悪を修正する力がある。哲学の歴史がそれを実証している。だが学びオンリーの蔓延と浸透は、かならず哲学を消し去る。

学びと哲学は二律背反であり、両立させる道はないからである。

なぜなら学びは（現在の日本人が実証しているように）議論を消し、論争を避け、反論を許さず、全体主義を産み、価値観を統一し、無批判性をその第一条件と根底に据えるからである。

「いちいち教えてやってることに反論していて、学べるか、バカ！　態度が悪いぞ！」

学ぶことには内的欲望の衝動は無関係だ。
知りたい内的欲望抜きの学びは調教される馬と変わりない。
知ることは強制できないが、学ぶことは強制できる。
知ることは個人主義、自由主義の根本。
学ぶことは集団主義、全体主義、権威主義、没個性の根本。
日本人は知ることをせず、学ぶことだけをする。
知る（to know）ことはゲット（get・獲得）すること。
学ぶ（learn about）ことは、そのゲットしたことを再吟味すること。

ミュージカル『王様と私』（King and I）の中の有名な歌。一緒に歌ってくれれば、なんとなく感覚がわかるはず。

Getting to know you,
Getting to know all about you,

Getting to like you,
Getting to hope you like me.
Getting to know you,
Putting it my way, but nicely,
You are precisely my cup of tea!
Getting to know you,
Getting to feel free and easy,
When I am with you
Getting to know what to say,
Haven't you noticed?
Suddenly I'm bright and breezy,
Because of all the beautiful and new things
I'm LEARNING about you
Day by day.

明治以来、われわれは涙ぐましく学んだ。
そして何一つ知ることができなかった。

森有礼はそれを恐れ、予感していたのではないだろうか？

なぜなら、日本語は学びには向いていても、知ることにはまったく不向きな言語だからだ。意味を知らなくても、学校的な正解は日本語でできる。イルミナティの採点はいいだろう。たぶん世界一の好成績を収めているに違いない。

だが何も知っているわけではないのだから、正解に対し個人的な意見を求められると、何も答えられないだろう。対訳語は言える。しかしその意味は知らない。だから日本では、意見を求められるということがめったにない。求められるのは「感想」である。試験でも「感想を述べよ」となる。「感」の「想」である。「意」の「味」と同じだ。感じて想うことは、意を味わうことと同じだ。曖昧でよい。

ねえ、ねえ、ぼく、屁理屈言ってると思う？

ムズカシイ？

考える能力を身につけよう

森有礼は考えた。これじゃダメだ。とても白人に太刀打ちできない。特にアメリカ人のような極悪非道な連中には、とてもかなわず、いずれ好きなように食い物にされることは目に見えている。

ここで読者は、この頁を折り、外に飛び出し、近所のレンタルＤＶＤ屋に走り、マイケル・チミノ監督の映画『天国の門』（Heaven's Gate）＝幻のオリジナル・完全版！というのを借りてきていただきたい。一息入れるために一緒に見よう。史実を基にした本編二一九分という長尺ものだ。その長さに時々うんざりする。

時は十九世紀末のワイオミング、アメリカ西部の大開拓時代。自由と平等の国アメリカに希望を求めて次々に入植してくる東欧系移民たち。しかし、先住者にとって、移民たちは牛泥棒と無政府主義者であり、彼らの生活の破壊者でしかなかった。牧場主たちは、協会の役員会で一二五名の開拓移民の処刑リストを作り、殺し屋を雇ったのである。ここに西部開拓史上で最も悲劇とされる〝ジョンソン郡戦争〟が勃発する――。（ボックス裏の解説文より）。

封切り当時、散々の酷評を米国内で受け、観客が入らず、アメリカ映画史に残る大赤字、ついにチャップリン以来の名門製作会社「ユナイテッド・アーチスト」社はこの映画のために倒産した。

そこに生々しく描かれるアメリカ人の極悪非道ぶり、人種差別、無法、野蛮、大統領の差し金、金持ちの傲慢、貧乏人の悲惨さ、過酷な労働、大量惨殺、などなどは、この時代のアメリカをほぼ正確に、綿密に描いている。自国民のこのアメリカ史の最大汚点の一つだった史実映画を、彼らは直視できなかったのだろう。

さあ、この映画をみんなで見たとしよう。

何を感じる？

森有礼は、このほぼ同時代のアメリカを現実として見たのだ。

現在進行形の風景として体験した。その中で生活した。このアメリカが、いずれロシアと地球を半分ずつ分割して制覇するという先見は、その数年後トクヴィルが看破している。森もそれに近い洞察と感慨を持っていた。彼はロシアが大嫌いだった。

アメリカはなんと言おうと、巨大な力を秘めた国だ。資源も豊富だ。そして何よりも、そのメインとなる人種は、かの悪行の歴史を積み重ねてきたアングロ・サクソンたちだ。ロンドン大学での経験が、彼らのしたたかさ、悪辣さを森に教えていた。しかもすでにユダヤ金融の影も濃厚に立ち込めている。

こんな、とても同じ人間とは思えない（実際同じ人間ではない）アメリカ人が、日本を狙っている。赤ん坊のように無知蒙昧でお人よしのヤマト民族の運命はどうなるのだ？

赤ん坊から一足飛びに、この悪辣無比な民族と太刀打ちできるように成長する方法は何か？

考える能力を身につけなければならない。

知る力を獲得しなければならない。

学ぶことはもういい加減でいい。

どっち道、経済と連動し、無理やり、多くの文明を教えられるだろう。学びたくなくとも学ばざるを得ない知識は、有能な日本人のことだ、黙っていても身につけるに違いない。

事実その通りだった。

軍隊組織も学び、戦争の仕方も幼稚ながら覚えた。

だが、それ以上は考えられなかった。

戦争の実体を知りえなかった。

学んだが、知らなかった。

知るしかない。人間を！

思考力の有無の差を消さなければならない。

それしかない。なぜなら、それこそが彼我の最大の相違点だからだ。

人間の思考力の最高の頂点は、綿密で高度な悪の合理化だ。

悪には完璧に論理的で、数学的無謬性が要求される。貫徹させるために。

その悪を知る源泉は何か。

数学的で合理的な言語である。

英語に堪能な森は、どの単語も翻訳不可能であることに気づく。あるいは、翻訳したとしても、再び借り物・おすそ分け言語の屋上屋を架す結果にしかならないことも火を見るより明らかにわかる。

一時に（一足飛びに、可及的速やかに）「主語文法世界」（何よりも不可欠な対抗条件）を作るにはどうすればよいのか。「拙者」でも「おいら」でも「アタイ」でもない主語の確立こそ維新直後の日本に不可欠な至上命令みたいなものだった。

強烈な自己主張を含め、西欧文明は主語文明なのだ。I（わたし）がyou（お前）をゲッティング・ツー・ノウするのだ。それが「主語文明」の核だ。

そんな人間意識と概念全体を、多少の日本語改造でやっていく暇もなければ、現実不可能だ。日本語は英語と比べれば言語の名にも当たらない。意味不在のコトバを製造する大脳で、どうやって外交、交渉、恫喝、妥協などの駆け引きができるものか。通訳の問題ではない。その元を発し、発想し、思考による未来を構想する能力が問題なのだ。論理性のまったくない日本語を使っている限り、通訳以前のその「元の元」が生まれない。脳みそを改造するしかない。

脳みその改造は何によってなされるか。

堂々めぐりのようだが、言語によってのみ可能なのだ。

言語が発想を作るのだ。

日本語廃止、国語英語論は、こうして森の頭に浮かび、定着し、暗殺される運命へと駆り立てた……。

……と私はいまや信じて疑わない。

それができなかったから——今の日本がある。

日本のテレビで我が物顔するあのガイジンタレント「ガイ＝害＝タレ」の不快さと醜さはなんだ！

なぜ彼らを暗殺しないのだ！

彼らが英語を喋る人間で、われわれは英語が喋れず、その上彼らは下手な日本語をベラベラやるから、日本のテレビ局は彼らに金を払う。それだけで日本人は英語に対し萎縮し、

恐れ入り、優越感と劣等感のカクテルを飲まされているのだ。もし日本人全員が彼らより
上等な英語を使えたら、あんな害（外）タレがのさばる余地などない。
実に屈折した結論ではないか！
目下の日本の最大の公害こそ、アメリカ公害、特にアメ・タレ、クソタレ、バカタレ、
英語タレである。
これだけを考えても、森有礼は正しかった。

原爆を　落とした相手に　ヨダレ・タレ
お粗末の一席。

失われた使命感

第五章

ソシアル人間学の重要性

さあ、祈るしかない。少なくとも私には息子と娘がいる。めったに会わない子供たちだが、二人に未来がほしい。生き甲斐のある未来だ。あなたの子供にも未来があってほしい。あるいは君たちが将来持つ可愛い子供たちに。それとも君は私に教えてくれるのだろうか、もうそんな未来はないと。少子化はこのまま加速度をつけて燃え広がり、日本の緑を焼き尽くすと。

森有礼を始め、明治の日本人にとって何よりも焦眉の急だったのは教育だった。われわれは徳川期には文盲が少なかったというような点で、日本には本来、伝統的に高い教育があったと誤解している。確かに〝ある種〟の教育はあった。一言で言えば非常に功利主義的な、日常生活に密着した「損得勘定教育」といったようなものだった。あるいは他人指向的な、胸算用教育だった。あるいは儒教的な道徳教育だった。少なくとも、西洋知性と哲学は藪の外だった。

その「ツケ」が今、全部回ってきている。

とても支払い不可能なほどの巨大なツケである。

歴代の日本教育者は、時代に即した「志」は教えた。だが時代を超えた「人間」を教えなかった。

日本人は個人として、一人の人格として向上する道は知っている。だが、人間全体を理解することはできない。まったくできないのである。なぜか。特に白人種と比べ、人間同士の交わりが極端に少なかったからである。簡単に言えば「社交」が極端に貧困だった。彼らと比較にもならないほどに、「無」に近かった。だから、人間同士、当然持つべき反応、他者洞察、駆け引き、ギヴ・アンド・テイクといったような基本技術が皆無のまま世界に放り出されているのである。

その中に「陰謀」という要素があるのだ。

前にも書いたことだが、「共に息を吸う」という語源を持ったコンスピラシー（陰謀）は、人間が共存していく上で、欠くべからざる技術である。大は911から小はスポーツに至るまで、陰謀は人間生活の中に深く織り込まれている。バレーボールひとつとってみても「相手の裏をかく」技術こそすべてであり、それは完全な陰謀の一種である。フェイントは人間生存に不可欠な技術であり、生存要素なのだ。

その意味での「陰謀」が、人間の歴史が重なるごとに高度化していることは、ごく当たり前な筋道である。陰謀を悪と見て毛嫌いすることは、人間であることの放棄につながる。陰謀は知性なのだ。哲学なのである。「社交」という曖昧な名称に隠された白人の哲学は、政治から経済、教育から家庭の躾《しつけ》に至るまで、wisdom（英知、賢明、博識、学問、分別、賢人）として定着している。陰謀とそのつど呼ばないだけのことだ。

一度声を出した、陰謀の意味で、見識と言ってみればいい。そして、常に対面する単数・複数の相手の人間が、この能力に優れていると設定してみればいい。もしそれができれば、その姿こそ今の世界に立つ日本人の環境なのだ。

その《人間の条件》（不可欠な第一条件）を身につけるということは、決して安易・簡単なことではない。それこそ教養と呼んでも差し支えない。鋭い精神、鋭敏な反射神経、素早い理解力、機知、ユーモアー、レトリック、弁証法、不屈な闘志などの《人間の条件》が、高度化すればするほど要求されてくる。並みの日本の大学教授よりも、白人社会のホームレスのほうがずっとこうした能力を持っていることを、私は実体験で知っている。

もしわれわれが、特に志ある若者が、現在の日本の苦境、いや、命の瀬戸際、存亡の分かれ道に立っていることを認識し、何とか救いたいと曲がりなりにも考えるのならば、今までの日本の土壌には皆無だったこの条件、明治の人々が見落とし、理解できなかった「陰謀勉強」に励まなければならない。人間同士の付き合い、決して儒教的な内容ではなく、また義理・人情がらみの典型的な日本式人付き合いではなく、ソシアル（動物的群居生活を基準とした、社交術）人間学を身につけることが先決なのだ。

陰謀性欠落症で人間失格へ

だが、手遅れだろう。

日本人にはその資質がゼロなのだ。

なぜ今の若者にこれほどにも覇気が欠けているのか。なぜこれほど「暖簾に腕押し」で、精神的不感症なのか。答えはこの陰謀性欠落症にある。今までは、少なくとも明治以前は、自分のこの欠陥に気づくことがなかった。だから自分の無能感、欠落感、無力感、根源的自信喪失にまで至らずに生活ができた。しかし今は、無意識にも、この自分の中の何か重大な欠損を感じる時代になっている。その正体を認識することはできずとも、今まではただ単に学問の不足、経験の不足、性格的短所などとして自分を納得させたマイナー意識が、それだけでは解消できない大きな圧力となって各自の深層心理を犯している。何か決定的な、補足しえない、根源的な自分の欠落感である。

二十一世紀の狭くなった地球、民族性がほぼ失われ尽くしている現状、国籍の差で人間条件の弁解ができなくなったこの時代に、日本の青年は太宰治などとは比較にもならないほどの巨大で底知れぬ「人間失格」感を感じているのだ。だがその正体が、自分に決定的に欠けている「陰謀教育」であることには、無論気づかない。気づけない。

特に日本人にとって、これほど急速に人間が変容したことはなかった。無論実際は変容したのではなく、今度こそ実質的に日本人が国際人間化している途上なのだが、それにも気づけない。ただ直感的に感じるのは、あくまで個人レベルの挫折感、自信喪失、社会とのミスフィット（不適合性）なのだ。自殺、精神異常はそこに端を発している。

結局は、広い意味での教養が不足している。狭くなった地球での生存適応性に不足している。ダーウィンの法則から外れる。

以上が、日本の最大問題点である。

もう一度簡単に図式化すれば、人間には陰謀が不可欠、陰謀の技術を個人的にその要素だけでも取り入れた教育を受けていない限り、生存適応性は育たない。陰謀を他の穏当表現に移せば、人間社交教養、弱肉強食精神鍛錬、言語能力のフル活用、すばやい脳みそ回転、繊細な感受性と、豊かな想像力、といったところだ。

これに日本人は完全に欠けている。

ということは、日本人は他民族の陰謀の餌食《えじき》になる以外に、選べる道がない。まったくない。ノー・チョイス！

誤解とは真実への濾過器である

私は今日も何人かの日本の若者に会った。義理のしがらみが私に芝居を書かせ、演出をさせているからだ。その中の一人はスタッフだった。何のために芝居をするのか、何のためにに、と私は彼に訊いた。彼は笑った。日本のために、と私は言った。彼はもっと笑った。これがジョークでなかったら、一体何がジョークなのだ。

私がこの地で巻き込まれた演劇活動は、これで三年目だ。来年はこの県が相当の予算をつけると誘う。何のために。私は日本のためだと考えるが、誰もそう考えていない。私は日本滅亡のストーリーを舞台に乗せる。ところが、実に皮肉で滑稽なことに、まるでドキュメンタリー映画を撮っているような気分になる。ストーリーが舞台をはみ出し、現実の中にあるからだ。だが誰も滅び去る日本を本気で演じていない。日本は安泰だと思っている。私の書くものは空想未来物語、ハリー・ポッターと区別もつかない。

祈りは私の心の中だけにある。なぜこの声が届かないのだろう？　なぜ世界が見えないのだろう。なぜ隣国が見えないのだろう。なぜ今この地球にうごめいている人間たちの喘ぎ声が聞こえず、その死体に無関心なのだろう。

いいだろう、他人に無関心なのはいい。かまわない。せめて、どうしてもっと自分のことを考えないのだろう。この不思議さ！

一体何を考えているのだろう。

もう一人の青年。まだ二十代後半。中学の音楽代用教師。何を考えているのだろう。口だけは動いていた。声は発していた。笑っていたし、頷いていた。だがあれで生きているといえるのだろうか。善なら善、悪なら悪でいい。やるならやる、やらないならやらない。それでいい。嬉しいのか、嬉しくないのか。満腹なのか、空腹なのか。私が気に入らないならそれでいい。私が好きならそれでもいい。希望に満ちていても絶望に打ちひしがれていてもいい。ただ私は知りたいのだ。一体何を考えているのだろう。

森有礼の亡霊が目先にちらつく。そう、十八歳で船出した。私も。明治から今日までの近代日本で、多くの若者が国のために命を落とした。使命として。どっちが日本人なのだ。すべては運命なのだ。個人も国家も。森有礼は先が見えすぎたために刺殺された。完全な誤解によって。私は誤解さえされていない。まじめに考えなければ、他者を誤解することすらできなくなる。すべてはジョークの世界で行きどまる。

真実は誤解によってしか確かめられない。誤解は真実への濾過器の役を果たす。

他人の誤解と、自分の誤解。他人への誤解と、自分への誤解。真実に対する誤解と、虚偽に対する誤解。どれも恐れてはだめだ。そうすれば生きている気分になる。ジョークでなくなる。クソ真面目？　いや、そんなことは言っていない。ただヘラヘラしないだけだ。ちょっとだけ、ほんのちょっとだけ考えているだけだ。考える内容は何だっていい。考えることは、すべて大切だ。天下国家？　いや、そんなことは考えなくていい。いくらなんでも古すぎるよね、ねえ、ねえ、……、ねえ……!?

一体俺は何を話しているんだ？　誰と話してるんだ？　俺は何を言いたいんだ？　いいか、聞いてくれ、いくらなんでもこれではだめだ。ひどすぎる。君たちはどっちかに偏りすぎている。考えることを一切放棄しているか、でなければ、精神的に正常な状態を失っているか。どうしてこの国だけこんなになってしまったんだ。どこに行っても、よその国はもうちょっとはましだ。どこにだって犯罪はあるさ。貧困はあるさ。人間は殺し合っている。あらゆることがある。でも、人々は考えている。何かを考えている。バカなことでも考えている。その証拠に、反応する。イエスとかノーとか。ウイとかノンとか。

君たちは何をしている？

おびえて、じっとしている。

いっそのこと、何か大きなことを誤解してみればいい。彼は私を愛するあまり命を捨てようとしているとか、彼女は俺の子供を産みたがっているとか、さ。一体誤解抜きで、何が信じられると思っているんだ、この不確実な世の中に。何もないじゃないか。誤解でもいいから、自分に日本を救う力があると考えてみたらどうだ。

誤解せぬまま、あるいはされぬまま信じられているものは、すべて無意味なのである。

個人判断が消えているからだ。

意味は個人的なものだ。

意味と、それが生む真実は個人が発見するものであり、他者から押し付けられるものではない。

現在の教育システムには、この道筋的な発想が皆無である。

間違えることの奨励こそ、教育の根本であるべきだ。

間違えることへの勇気。試行錯誤の苦労。

われわれはあまりにもその勇気と苦労を失わされてしまった。

教育が洗脳と同じになっている。勇気なし、苦労なし教育は洗脳だ。

私が子供のときは、親や先生の言うことはすべて疑った。ほとんど信じなかった。大人の言うことの大部分を誤解していた。そして後に自分の経験で、その誤解を解いた。私の人生はその連続だった。今でもあまり変わっていない。

洗脳を受けた人間は、誤解する能力がなくなる。

学びに馴らされた人間は、疑いを持てなくなる。

試行錯誤（trial and error）能力の喪失だ。

知る能力の喪失である。

精神的な路頭に迷う子供たち

だが、それにしても……、
一人ぐらい森有礼のような使命感を持った人間が出てきてほしい。

「使命」——、

いま誰がこんな単語を使うだろうか。ミッション・インポシブル、ぐらいか。

使命感に不可欠なものは確信である。

今われわれには確信を持てるものがない。「確信犯」といった種類の犯罪すら最近は耳にしなくなった。「これだけは、何はさておき、確かなことだ」と断言できる物事は、もうどこにもない。無数の誤解と葛藤した挙句に手にする「鍵」がない。

情報が氾濫すれば、確かさは消えていく。

百万の鍵がぶら下がった巨大な鍵束を、子供のときから押し付けられ、手にしている。ところが開ける玄関が見当たらない。やっと玄関にめぐり合っても、百万の鍵のどれが合うのかわからない。一つ一つを鍵穴に差し込んでいるうちに日が暮れ、家ごと原爆で吹き飛ぶ。

情報に誤解はない。嘘か本当かしかない。誤解される嘘など嘘にならない。せっかく嘘をついたのに、誤解して本当の解釈をされては困る。誤解される要素を極力なくしたものが情報だ。

誤解は個人の知る能力が生む。情報には個人的能力の要素は一切ない。『不確実性の時代』などというレトリック的なきれいごとではない。「確実」という概念がすでに意味を成していない。

日常で子供を叱れない時代なのだ。躾も情報化されているからだ。確かさのある躾など、どの家庭にもない。

親は何も考えず、何も知らない。

自分の子供のことも知らない。

子供自体が情報の一要素になっている。

生活の一切合財が「疑惑のない曖昧さ」なのだ。

個性を奪われ、情報の一部になった子供は「精神的な路頭」に迷っている。

彼らは誤解されることもない。

真に理解されることもない。

だから自殺が増え、若年犯罪が多発する。

彼らはそのあり方を親から疑われることもなく、自ら疑うことも禁じられ、閉塞状態の中で情報の鵜呑みのみを強要されている。

人間としての自然な脳の働きを押さえつけられているのだ。

当然、狂う。

人間は恐怖の時代を乗り越えてきた。それは自然現象を含め、広範囲な「疑惑」が世界に満ちていたからだ。ジャン・ドリュモーの書いた『恐怖心の歴史』は多くの人間の知恵の源泉を教えてくれる。恐怖を克服する手段として。また同時に人間の歴史において恐怖心が果たした大きな役割と重要性をも教えてくれる。

疑いのない情報世界には、恐怖が消えている。

ということは、人間が本能的な自衛手段を失ったことと等しい。

人間の死因はすべて謎であり、疑惑の対象であり、恐怖だった。今はすべてに病名がつき、もっともらしい治療法ともっともらしい薬が氾濫している。いずれ不治の病は消える。残っている問題は、時間だけだ。自分が間に合うかどうか。癌でもエイズでも、もうすぐ完治される。「疑わしきは罰せよ」。疑惑を持つことは禁じられ、テレビの言うことに証拠も証明もいらない。マスメディアはすべて（すべて！）、イルミナティが握っている。証明を求めるものは抹殺される。アラブ・テロに証拠など要らない。イラクとアフガンに侵攻するだけですむ。

目に映らない真実や善よりも、映像が映し出す虚偽や悪のほうが親しみやすいのである。

911ショックが知性の勇気を剥ぎ取った

今、かつてなかったほどの疑惑と恐怖の原因がこの地上を満たしているというのに、われわれはその虚構と真実の区別をつける能力を失っている。ドリュモー的な解釈を利用すれば、われわれは恐怖の芯を直視する勇気を失っている。臆病さをも失っている。人間の本性に根ざしている恐怖心と臆病さは、危険に対する重要な城砦であり、保証であり、生物が死からとりあえずの間逃れることを可能にする不可欠な反射作用である、と彼は書いている。

人間は恐怖を麻痺させる洗脳を施された。

危険を察知する能力を失った。

真実と虚構を識別するための能力の源泉だった「疑惑力」が麻痺したからだ。

疑いを追及し、その正体を暴き出す力は、やはり勇気だ。

筋肉が生み出す勇気ではなく、知性の勇気だ。

911のショックは、知性の勇気を剥ぎ取った。

あまりにも多くの「確か」な情報の中で、虚構を疑う力も真実を疑う力も失った。

疑いを解くことによって得られるリワード（報い、報奨、価値）が何もない世界になった。

疑いより先に解答が与えられているからだ。

多すぎる解答は確信にはならない。これも考える前に、強制的に学ばされてしまう結果である。知らないことを知ろうとする以前に学べるからだ。疑う前にすべての疑いは晴れている。知る欲望もないことをも、無理やり教えられている。（学校教育を筆頭に！）。

かくして疑う能力が人間から失われ、恐怖心は麻痺し、生き残るための反射作用が消えている。

生き残る反射作用は、個々の臆病さに対する繊細さの度合いにかかっている。

臆病であるべき第一条件は、恐怖正体の想定であり、その拡大解釈であり、想像力を基にした知的活動だ。

想像される恐怖の正体を考えない限り、恐怖は定着し、慢性化し、いずれそれに麻痺する。吠え続けてくたびれて沈黙する犬のようなものだ。

映像は想像力も恐怖も消す。

ツイン・タワー崩壊の映像は、想像でもなく、恐怖でもない。〈凄い〉だけである。

自分の遊んでいるテレビゲームの映像より、ちょっと制作費がかかっているだけの違いだ。あのソフト、買いたいけど、高いだろうな……。

陰謀と姦計のゴールにあるもの

知ったところでどうにもならないことは、考えるだけ無駄である。教えられることですら個人的価値がなければ、学ぶ意欲も消える。ツイン・タワーは〈悪の枢軸〉、テロリストの仕業だと教えられることに、個人的な価値は一切ない。まったく関係ない。痛くも痒くもない。アラブ人に親戚がいるわけではない。アラブの友達だっていない。バグダッドの銀行に金を預けているわけでもない。

学ぶ意欲すらも消えれば、疑い考える力は人間の能力から完全に失われる。考えても仕方がない、学んでも仕方がない、どうせ自分は無力だ——。

解説は学びではない。だが、学びは解説だ。世にあふれている。解説なしでは一日としてやっていけない。薬の能書き、牛乳の賞味期限、憲法改正の損得、『文明の衝突』、『不都合な真実』、エトセトラ、エトセトラ……。

かくも解説が多すぎると「知る」ことなど不可能だ。考える？　何を？

臆病になる余裕だってなくなる。全部映像がスローモーション付きで恐怖の正体を科学的に見せてくれる。後は科学者に任せればいい。

第一、映像は見るもので、知ったり考えたりするものではないじゃないか！

そうだろ？

見てればいいのだ。ただ、見ていれば。それで完璧。ほかにすることは何もない！

——と表面意識も潜在意識も結論する。

陰謀と姦計のゴールである。

誰かが、この目が覚めるような姦計薬の処方箋を発見し、世界に浸透させてしまったのである。

疑惑の無価値化！

不確かさへの馴致《じゅんち》！

真実の多様化！

絶対性の消滅（神の存在を筆頭に）！

911を、そうした目で見ることが、人間にはもうできないのだろうか？

もし万人が「確かなことだ」と信じるならば、それほど不確かで、いい加減なことはないと考えないのだろうか。

だって、そんなことはありえないからだ。

誰かが「違うんじゃないか」と疑わないような社会は人間の社会ではない。

天動説に対するコペルニクスはそこから出発したはずだ。

疑いの確信、あるいは、確信としての疑惑。

本当にこの能力が人間から失われているのだろうか？

少なくとも日本人からは失われている。

日本人には主語がないから主観もない。

主観がなければ疑惑も確信も生まれない。

それが私の主観的な確信としての主観的疑惑だ。

私の主観的恐怖だ。

コペルニクスの疑惑の主観確信は、彼の使命感を生んだ。

現在ただ今の時代は、もっと多くの「コペルニクスの転回」が生まれるべき時代なのだ。

だが、主語のない日本人に「主観使命感」があるはずもない。客観的使命感など、レトリックにもならない。

ゆえにカントの『純粋理性批判』は日本人には当てはまらない。いや、はっきり言えば日本人には「不純理性」も「客観理性」もない。純粋主観がなければ純粋客観もありえないのだから。理性ゼロなら批判は起きない。それがヘーソーイズムの真髄となる。

なんともすごい国に住んでいる——われわれ日本人は。

それでいてここは民主主義国家だというのだから、もうお話にならない。主語のない民主主義。信じることも疑うことも、両方ともない国。

確信ゼロ、疑惑ゼロ。

せめて信仰がほしい！　どんな信仰でも。確信のない信仰、疑惑のない信仰、洗い立てのシーツのように真っ白けの信仰。

——そこで邪宗がはびこる。

イルミナティの手先の邪宗勧誘員が、押し売りよろしく今日も玄関をノックする。いまや宗教も情報であり、映像なのだ。彼らの持参し、誘導技術を備えた手つきで手渡していくパンフレットの写真を見ればいい。現実より生き生きとした写真が載っている。映像が（ブーアスティンの言葉を借りれば、イメージが）主観と客観を超えてしまった。

脳に直射し、焼き付けるイメージに疑惑も確信もあるわけはない。

イメージは、独立している。どの独立国家よりも。

そして最後に、地球そのものがイメージと化す。

子供たちの学校では、イメージ・イジーメ・マジーメ・ミジーメ・カチーメ無し、となる。

お粗末の一席。

第六章

突き当たる日本

自問自答が知性を磨く

数行前に、私はツイン・タワー崩壊は日本人にとって「痛くも痒くもない」と書いた。これは「味語」による「味表現」だ。

痛くもなく、痒くもないが、くすぐったかったり、吐き気がしたりしないのだろうか？

それでもいいのだろうか？

という疑問は「屁理屈」になる。

この味表現（痛くも痒くもない）を英語で何と言うか。

I don't care a bit と言う。

主語があり、否定助動詞があり、動詞があり、述語がある。

先日ある若い男（一応大学卒）から質問を受けた。大分市街を歩いていて、外人から道を訊かれた。「この道を突き当たって右に行け」と言いたかった。ところが「突き当たって」という英語が浮かばない。どう言えばよかったのか？

君はどう言ったのかと反問すると、彼は答えた。とっさに頭に浮かんだ光景が911の体当たりジェットとビルの崩壊場面だったそうだ。確かそのとき「クラッシュ（ぶち当たる・激突）」という言葉を使っていたはずだ。そこで彼は外人に教えた。「Go, ストレート、and crash, and go right. OK?」。直訳すればその人はまっすぐ行って壁か何かに激突し、顔の半分を血まみれにしたうえで、右に曲がらなくてはならない。ついでに右手の一本も折れたかもしれない。日本は危険な国だ。

確かにこの意味で「突き当たる」という英語はない。あえて言うならば、この道のエンドまで行き、右に曲がれ、となる。「突き当たる」のは「味語」である。意味をつけると意味が違う。意味のない語は意味がないだけではなく、もっと危険だというい い例だ。とんでもない間違いになり、誤解が生じる。

突き当たる主語は何だ。歩いていく「自分」「お前」なのか、それともその歩いている「道」なのか？　どっちにしろ、〈突いて〉〈当たる〉相手は何か？　正しい想定と解説は一切ない。

ポール・ショシャールの『言語と思考』（邦訳・文庫クセジュ）には次のように書かれている。

「子供は三歳半ごろ自分を指す代名詞〈je〉（私＝英語のI）を使いはじめ、そのときに動物心理の水準をはっきり乗り越える。……つまり反省意識という人間の段階は、言葉に結びついている。思考が内言語〔引用者註：個人の頭の中だけに聞こえている言葉〕であるからこそ伝達できるのであり、意識状態の科学である心理学もできあがるのだ」

「〈je〉の言語化と〈tu〉（あなた＝英語のユー）のそれとは切り離せない。それは対話の言語化である。自己の想像した対者との対話も含んでいる」

「人間では、言語は外言語であると同時に内言語でもあるので、外言語としてはコミュニケーションの役を果たし、内言語としては思考と反省意識を確保する」

「人間を理解し、その水準を見定めようとするものは、言語問題に取り組まなくてはならない」

「言語は人間の発明したもののうちで最高のものである。人間は話すからこそ知恵があるのだ。人間の身体は原初から何一つ変わっていない。変わったのは精神の働きだけだ。人間は言語のおかげで自己を完成し、知性を発展させてきた」

「言語の無限の能力は単なる感情や状況を示す信号だけでは満足しなくなる。……語は対象を離れ、独立する。本質的にコミュニケーションの手段ではなくなり、思考の道具となるのだ。人間だけがこの〈内言語〉を持っている。内言語はもはや言語ではない。発音されないからだ。音情報は脳に移動され、自己の意識化を助ける」

「人間は言語化されていない思考を心に浮かべることはほとんど不可能である」

まだいくらでも引用したい文章はあるが、読んでいてもつらくなる。なぜなら言語段階から見ると日本人が人間としていかに未成熟かが歴然としてくるからだ。特にこの「反省」「内言語」の段階は幼児並みに思えてくる。どうやらわれわれの大脳皮質は、前述した角田説の逆作用で、成長を停止しているとしか考えられない。

饒舌《じょうぜつ》な内言語の会話が知性を磨く。連続的な自問自答である。われわれは内言語の失語症を起こしている。だから「失理症」に陥る。主語のない「味言語」は、結局主観と客観の区別がつかない。それが「無反省」、つまり精神の言語化、あるいはまた逆に言語の精神化を妨げる。

「反省」とは叱られたから反省しろ、という意味の反省ではない。英語だと、それこそはっきりする。reflection である。反射し、反響する脳の活動、それによって反映が生まれ、熟慮が生まれ、沈思という言葉になり、それが考えとか意見、あるいは非難の言葉の意味に発展、転化していく。語根となる flect, flex は「折り曲げる」の意味で、この「反省」

と日本語に訳されている意味は、得た意識や感覚や思考を鵜呑みにするのではなく、もう一度曲げて元に投げ返す概念を作る。それによって、言語の意味が探求され、内言語の意味が豊かになり、より一層精神化される。

〈私〉という主語は、実際に存在しない、ある場合は〈私〉と同一な〈あなた〉と言語のやり取りをする。つまり自問自答だ。音のない言葉のやり取りを自分同士の中でする。耳には聞こえてなくとも、脳には聞こえ、しかもちゃんと主客の立場があり、主観と客観が交換され、私のあなたが、あなたの私を怒鳴りつけたりしている。

これが動物とはっきり区別される、人間だけの《人間の条件》となる。

子供は成長の段階で、自分自身の言葉に文法を加えていくと、この同じ著者は記している。つまり、はっきり主語を確認し、フランス語などの場合はそれによる動詞の変化も違うし、冠詞も形容詞も違う。この違い（語尾変化、等）は日本人にとってはわずらわしいだけだ。なぜ名詞に男性女性の区別をつけ、いちいちそれによって言葉を変えなくてはならないのか、ばかばかしく感じる。時制の問題も、日本語では曖昧だ。半過去などと言われてもぴんと来ない。

だが、それによって、知性は膨らむ。意味の限定がはっきりする。

道に突き当たって血だらけになる心配はなくなるのだ。

「陽気なロボット」が日本人の原型

三歳児以下の日本人。自分を客観視するアイの代名詞を持たず、他者を客観視するユーを持たず、故に内言語が生まれず、故に反省意識が生まれない。故に知性が育たない。故にその近代史は「突き当たり」の連続だった。故に人類で唯一無二の原子爆弾被爆経験民族の栄に輝いた。「過ちは繰り返しません」と、善のアメリカに原爆を頂いた悪の日本人は、見当違いの悔恨の思考を働かせて死者に誓い、贖罪をし、より一層の悪化を改善と信じた。

こうした日本人の三歳児性は、無論原爆の出現やその被爆とは関係ない。われわれは動物心理の水準を超えたことは一度もないのだ。知能ではなく、心理として狸や狐と大差ないということだ。彼らも内言語を持たず反省意識を持たないからだ。原爆を落とした悪よりも、落とされる状態を作った自分のほうに悪（過ち）を見る脳みそは、内言語と反省では作りえない言語以前の反応である。ニャーという猫言語が、ワンという犬言語に尻尾を巻いた心理・外言語構成だ。動物には外言語しかない。いや、言語ではなく、吠え音、鳴き音だ。日本人はその「音」を使ってきた。「訓」でもない。もはや音と訓の区別もつかない。どっちがどっちだっけ？　ハヤシ？　リン？

『非人間化の時代』（『*The Dehumanization of Man*』）は、この本の著者であるアシュレー・モンタギューとフロイド・メイトソンの新しい造語ではあるかもしれないが、実は日本人の原型なのである。

それまでも、人間が人間の条件とされたものを次々に失っていく西欧社会や、アメリカでは、「ジョック文化」（ニール・D・アイザックス命名、スポーツ・バカ文化の意味、jockはペニスと同じ。テレビ中継で幅を利かすスポーツ選手の非人間性。同じ言葉のjockoはチンパンジーのこと。jockitchとなると、チンボのかゆみ、インキン田虫の意）とか、「陽気なロボット」（シー・ライト・ミルズ命名。自己満足した卑小な人間の形容。人間としての尊厳も、崇高さも、高潔さも無縁な現代人の意）とか、「一次元人間」（ヘルベルト・マルクーゼの命名。読んで字の通りの意）とか、前に紹介したヤブロンスキーの「ロボパス人間」とか、その他いろいろある。どれも絶望的に人間性を失った人間を嘆く言葉であり、その論証には反論の余地がない。

だが、ショックなことは、そのすべての暴き出される《人間の条件》失格要素が、日本人の原型であることに気づくときである。

それに気づいたとき、私は、危うくもどすところだった。(ゲロの意)。

この内言語喪失もその一つだが、なに言われても、原爆落とされてもヘーソーイズムを通し、ニコニコしている陽気なロボット、つまりノー天気ロボットは、神武以来の日本人特性である。いっそのこと「ゲロロジー」または「ゲロボット」と名づけたほうがいい。いや、「ゲロジック」がよりぴったりする。(お粗末の一席)。

ニュースピークは既に存在している

世界人類の日本人化こそがファイナル・スーパー・パワー・エリートの目論見である疑いはすでに持っていたのだが、これで揺るぎのないものになった。

だが、果たしてうまくいくだろうか。

日本人に主語概念を植えつけることは、もはやありえず、これはこれで完成しているとしても、ガイジンから主語感覚を消し去る方法はあるのか?

日本語廃止、国語英語論は、論より証拠の段階で、このままずるずると自然に進むだろう。だが、英・独・仏・露・中などの言語を廃止して、世界を日本語で統一することは、どう考えてもありえない。そこで浮かび上がるのが、全言語廃止策なのだ。何民族だろうと、何国人だろうと、人間から言語能力を消し去る。内言語はもちろん、外言語の段階も消し、それ以前の純粋な記号論に近い言語の映像化、イメージ化、漫画化、アイコン化、符号化、頭文字化、信号化、略語化、国際化、無国籍化、簡易化することだ。

そしてこれこそ、かのジョージ・オーウェルが不朽のSF小説『一九八四年』の中で描いた「ニュースピーク」の世界であり、それの持つ「諸原理」なのである。〝ビッグブラザー〟と称する一極支配者組織に完全に牛耳《ぎゅうじ》られているその近未来の国家では、現在現実に進行しつつある人間の「非人間化」が完全に達成されている。

やはりオーウェルは天才だった。彼の先見の明は、森有礼の一歩先を行っていた。なぜなら英語でさえニュー・ワールド・オーダーには邪魔な存在になるのである。

この近未来を描いた小説の世界で、人々は少しでも人間性を触発するような言語を使って話すことも読むことも書くこともできなくなっている。相変わらず戦争が絶え間なく続行されているその世界には、新しい言語の使用が義務付けられている。ニュースピークと呼ばれる未来英語は、一言で言えば論理性を奪われ、矛盾がなんら違和感を人々に与えないような言語に姿を変えている。受け取り方によっては、非常に日本語に近い「味語」である。

たとえば真理省と呼ばれる一党独裁国家機構の巨大なビルには、人々が「真理」（本当のこと＝true）と信じねばならないスローガンが掲げられている。

そのスローガンとは、

『戦争は平和である・自由は屈従である・無知は力である』

というものだ。

これはレトリック的なジョークではない。至極まっとうな「意味」を示している。あらゆる倒錯が、倒錯性を失った未来世界である。その象徴が言語なのだ。

この言語を解説している一節を、新庄哲夫の訳で紹介しよう。


《新語法＝ニュースピーク＝はオセアニアの公用語であり、イングソック即ちイギリス社会主義のイデオロギー的要求に応えるべく考案された言語であった。――ニュースピークの目的は、イングソックの熱狂的な支持者に固有な世界観や精神的習慣に対して一定の表現手段を与えるばかりでなく、イングソック以外のあらゆる思考方法を不可能にするということであった。その意図するところは、ニュースピークが最終的な言語として採用され、オールドスピークが忘れ去られてしまったときこそ、異端の思想、即ちイングソックの諸原則から逸脱する思想は、それが少なくとも文字に依存する限り、言語活動として成立させないということであった。ニュースピークの語彙は、党員がまさに表現したいと思うどのような意味に対しても的確な、或いはしばしば極めて微妙な表現を与えるように組み立てられていたし、一方ではそれ以外のどんな意味も、またそうした意味を間接的な方法によって引き出そうとする全ての可能性も排除していたのである》

《一例だけ上げてみよう。自由という単語は、依然としてニュースピークの中に留用されていたが、それは例えば「この犬はシラミから自由である」とか「この畑は雑草から自由である」といったような使用法だけが許された。古い意味での〝政治的自由〟とか〝知的自由〟といったような使用法は許されなかった。なぜなら政治的、知的な自由はもはや概念としてさえ存在しなかったし、従ってそのような名詞は不必要だったからである。明白な異端の用語が抹殺されたのとはまったく別個に、語彙の削減ということもニュースピークそれ自体の目的とみなされた。従ってそれが無くても間に合うような単語は残存することも許されなかった。ニュースピークは思考範囲を拡大するためではなく、むしろ縮少す

るために考案されたものであって、その目的は用語の選択を最少限まで狭めることで間接的に助長されたのだった》

上質なSFは哲学書と一緒だ。特にこのオーウェルの作品は言語哲学を含んでいる。だから小説と離れ、社会学など広い分野で引用されたり、解説書が出たりしている。そしてこの小説の内容を深く考えれば考えるほど、今この日本で浸透している「ヘーソーイズム」の全体主義が、従来の言語統制とはまた別種類の言語消滅政策をそのキーポイントにしていることに納得する。

右に引用した箇所だけ読んでも、結果的には英語日本語化と大差ないことがわかる。「この犬はシラミから自由」などという表現は「痛くも痒くもない（実際シラミがいないのだから痒くない）」と根本的に同じだ。

無意味というより馬鹿げた言語使用の奨励とその定着であり、バカげたこととは、とりもなおさず「意味」の消滅である。

人間はバカであればあるほど「意味」から遠ざかる。

そして（ここが最も重要な点だが）いかなる種類のバカであろうと、その共通の基本条件は「言語バカ」だということである。語彙が豊富で、その使用法に優れたバカなど存在しない。

だが、このオーウェルの『一九八四年』（実際の年代はもうとっくに過ぎたが）が現実になった世界は、国民全員が言語バカなのだから（日本のように）、仮に「口の達者」な人間が一人いたとしても（私のように）、その人は彼らからバカと呼ばれる仕組みである。それは（再び不遜に言えば）、屁理屈ばかり書き、訳の判らんことばかり言っている私が、よくても「変人」、内心では「あいつぁ、バカとちゃうか？」と思われていることと同じだ。私は真理省のブラックリストに載っている。

そこで結局、この小説を考えながら言えることは、現在の英語でも充分ニュースピーク化が進んでいるということだ。たとえば「デモクラシー」という言葉は、その言葉の持った歴史的変遷過程は無視され、内包している多くの意味は失われ、その言葉に対する思考範囲は極端に縮小されている。

ブッシュがイラク侵攻に際し、馬鹿の一つ覚えで連呼しまくった「イラクの民主化」は、その「ウソ意味」以外のいかなる反応も、間接的にも引き出しえないものとなって定着している。もし誰かがウソだと言えばすぐ「愛国法」を適用され、テロの一味かシンパとして弁護士なしで拘束されるからだ。

アメリカが今まで行ったあらゆる戦争は、ヴェトナム戦争をその最もわかりやすい例として、「戦争は平和である」という真理省のスローガンとまったく変わるところがない。これをブッシュと同じように「平和のための戦争」と言っても、何も変わらない。

語彙の削減は、ただ禁じるだけの方法ではない。逆に語彙を粗製乱造し、多くすればするほど削減に近づく。今の日本はこの方法をとっている。テレビのお笑い番組の語彙群で、それはすぐ消えることを前提としている。消えることは少しも不都合さを生まない。言葉とはすぐ消えるものだという固定観念が無意識を支配すれば、《彼ら》にとって不都合な語彙は、無理な強制方法を取らずとも消えていくことに誰も奇異を感じなくなる。だからこそ、たった十年前の本がもう読めなくなることに、誰も疑問を持たず、新刊書は三日で裁断の運命は、ごく自然な社会現象となる。

編集者も、テレビのプロデューサーも、次からはそれらの語彙はカットし、もともと持っていた不可欠な「意味」は、誰にも気づかれぬまま、消え去っている。定着して残る概念は「シラミからの自由」という無概念・概念だけである。

もし現状の日本を考えれば、「これだけは確かなことだ」と命を懸けて主張する使命感が、一日に一万件出ても不思議でない時代を迎えている――といった考えを、私は前にも書いた。だが、それにもかかわらず、あるいはそれゆえに「これだけは確かなことだ」と主張できる事物はまったく消えうせてしまっている。その謎はこれで解ける。

確かなこと（事）が消えたのではなく、確かだという「語彙」が消えたのだ。日本の真理省支部は『確かさとは不確かさである』という観念を、いまやほとんど日常の常識のレベルにまで日本人に浸透させている。そして『無知はスターである』と信じ込ませている。時代のスターがこれほどバカを具現化した時代は、日本にも世界にもかつてなかった。まだ映像イメージがこれほど洗脳に利用されていなかった時代、たとえばジェームス・スチュアートやケーリー・グラントのように、知性と教養がスターの条件になったこともあるのだ。ハリウッドで言えば、バカ面がスターになった第一号はジョン・ウェインからだろう。ちょうどその頃から、英語の「味語」である「ブル・シット」や「ファック・ユー」や「クール」も一般化していった。

そして今やアメリカも、アフガニスタンに自由を与え、解放し、民主主義を与えるといったような、意味を完全に失っている「虚語」語彙群に対抗する語彙を、英語の中に持ちえなくなっている。それは「自由」「解放」「民主主義」が〝ニュースピーク〟になっているからで、その点から考えてみてもニュースピークの持つ構造特性は、日本語の持つ特性となんら変わらないのである。

911は、そのことをも実験証明するものだった。

ニュースピークに守られたブッシュは弾劾されず、政治生命は温存され、彼らは目的どおりのオイル、その他の利権を獲得し、さまざまな他の陰謀を隠蔽して終わった。

いま世界中の言語が日本語化し、「突き当たって右に曲がって」進んでいる。

言語操作に抵抗する同志はいないのか

私はこの終わりに近い章で、言語と《人間の条件》をもっと徹底的に解明したかった。

そして何よりも、《彼ら》の日本壊滅の陰謀の核に、日本語破壊があり、しかもそれは長い歴史のある《彼ら》の教育問題顧問施設とでも呼びたい機関が、日教組との連携によってたくらんでいる陰謀であることを暴きたかった。

その機関とは National Council for the Social Studies と呼ばれるもので、「NCSS」と略されている。アメリカの教育現場では、絶大な力、ほぼ全体主義の統制力を持っている教育指導機関である。《彼ら》の「指令」をつぶさに研究すれば、なぜ日本の歴史教育が戦後占領軍の差し金で「社会科」の中に編入されたかがわかってくる。厳密に見るならば日教組はこの機関とともに、密接に関係のあるもう一つの陰謀組織「ニュー・ワールド・オーダー」（ＮＷＯ）の傘下にもある。詳しくは後述するが、ＲＧＭ（regulation group mind）という洗脳技術にしても、彼らの研究の目的は重なり合っている。いずれも結局は人間への操作、統制の方法だ。無反省にとる団体行動、付和雷同、右顧左眄《うこさべん》、他人指向などへの科学的誘導方法は、実に見事に成果を挙げ、いまや人間など《彼ら》の思いのままに動かせる。そのほとんどのキーポイントは言語操作だ。

「シンタックス」と呼ばれる学問は「統語法」と訳されるが、思考と意味、つまり判断への研究であり、この分野が《彼ら》に利用されている。考えや判断に不可欠な前提を締め出し、否定的で破壊的な、つまりネガティヴな幻想を呼び起こす以外の要素を締め出す。これが言語操作でできる。当然だ。あらゆるコミュニケーションは言語を媒体とするからだ。それに映像（イメージ）をかぶせることによって、私流に解釈すれば、言語の持つ知性性を完璧に消滅させる。人類が何万年もかけて、営々と築き上げてきた言語能力を破壊するのだ。

「意味」というものを、まるで手品のように変えてしまうのだ。

これらは911に最大の効果を実証したが、日常茶飯のあらゆる人間の営みに組み込まれている。最近、アル・ゴアが得意顔で宣伝した自然破壊キャンペーンなども、このシンタックスが最大限に利用されている。たとえば語り手の重要な意見が満載されている語彙群よりも、ほんの小さな言葉遣いがどれほど効果的に人を説得誘導できるか、言語の力は底が知れず、計り知れない。

だが、そのような言葉破壊の効果は、あくまで「最初に言葉ありき」の聖書的発想、いかに言語が重要かを、ある程度個々が認識している白人社会で通用することで、「こと挙げせぬ国」と居直るような日本では、大して効果が上がらないはずだ。そこで生まれてくるのが、日・白混合言語統制ニュー・メソッドみたいなものだろう。これをもっと研究してみたかった。「意味」がそもそもない言語を使っている日本人に、シンタックスはどのような「意味」があるのか。これほど興味深い研究もあるまい。私ならその研究から究極の陰謀、「完全意味消滅法」を編み出すだろう。

とりあえず納得できるのが、先に紹介したニュースピークは、日本語をモデルとすることだ。また、「意」を「味」化するということは、言語から客観性を取り去り、個人の舌と同じ役目、主観優先の解釈を奨励することだろう。これは非常に現実的な教育法であるはずだ。

今回、私にはさまざまな不快な条件が私生活に重なり、右にコメントした勉強を完成する時間がなかった。私は若い同志を求めている。無論期待してはいない。だがダメモトの呼びかけぐらいはできる。誰か私と一緒に「考える」時間を持つべきだ。一人ぐらい、まったく、一人ぐらい、どうして使命感を持たないのか。日本をこの陰謀の渦から救い上げ、このまやかしの教育システムをぶち壊し、人間学を第一歩から開始する同志はいないものなのか。そのための資格は、簡単なものだ。

「おかしい。どう考えてもおかしい。日本のすべてはおかしい。あらゆることに突き当たってる」

と考えるか、どうか、である。

目下のところ、一人だけ若い女性が鹿児島から参加してくれている。例の森有礼の資料を必死で探してくれた人だ。もし日本を救う使命を自分の魂の中に見出すことができるならば、なぜ一緒に行動を起こさないのか。日本の癌は明治維新で始まった。この時代の深い研究は、まだできていない。表面的な出来事を探求するのではない。対・世界陰謀としての《人間の条件》を、明治を出発点として見極める研究である。

私の後に残す膨大な書籍（英語を含め）を読み継ぐ人が日本には不可欠なのだ。この今度の本に書き残したことを、私に代わって書き続ける若者が不可欠なのだ。

使命感のことである。

911が残した意味

最終章

「グループ洗脳パラダイム」という巨大悪

ノーム・チョムスキーの例に見られるように、言語学者がその専門以外の面、特に社会学とか文明問題など、あるいは現行の陰謀問題にまでその見識を活用し、有意義な著書を出すケースは多い。いかに人間の直面する問題が、言語に依存し、言語に左右され、核心を握っているかの証拠だろう。

特に陰謀は、先述のオーウェルの例を見るまでもなく、言語問題を抜きにしては考えられず、解明もできない。企み実行する側も同様、まず人間と言語の離反を画策する。

幅広い知的な活動をアメリカで続けているスティーヴン・ピンカーもその一人で、専門の言語学者の肩書きを超える文明論や現代社会問題、人間論などを名著の中に展開し、世界的な評価を獲得している。それでもこうした人々が、案外911の問題に対しては、ブッシュの言い分をすんなり受け入れ、それを前提に論を展開する場合が、意外に多いのだ。実に不思議なことだ。ピンカーも、彼の新著『思考の原料』(『*The Stuff of Thought*』)の冒頭、この事件の主犯がオサマ・ビン・ラディンであり、アルカイダが関与しているという説を（彼の真意はどこにあれ）鵜呑みにし、文章化している。
私は何度も触れたように、911の真相そのものへの興味はすでにないし（あまりにも結論は鮮明なので）、その陰謀カラクリを暴露するためにこの本を書きだしてはいない。
《カラクリは妙な味言だ。漢字では「絡操」また「機関」と書いてカラクリと読ませる。カラクルの連用形、と説明されるが、この元も変な日本語で、実感を生む言葉ではない。巧みに作る、巧みに策略をほどこす、陰にいて人を働かせる、たくらむ。そもそもは糸の仕掛けで操る意味だから、操り人形風なイメージだろう。計略、やりくり算段の意味にも使われる。実感を持つなら、この糸を操る昔の装置の立てるカラカラ、クリクリ、の音を連想するしかあるまい。もしそうなら、日本人の「陰謀」に対する意識は実に平和で、単純なものである。この言葉を和英で引くと、腰を抜かすほどに驚く。なんとメカニズム mechanism であり、「計略」の意味ではずばり「トリック」trick となる。言語創造の観念が土台違う》
だが、知識人と考えられているアメリカ人の相当数が、いまだにブッシュとその一派を支持しているのは実に不思議であり、一層の終末論の根拠になる。彼ら・彼女らの真意はいずこにあるのだろう。しかもピンカーの前述の新刊書の副題は *Language as a Window into Human Nature* となっていて、日本語風な感覚では「目は心の窓」（どっち道翻訳慣用句であろうとも）をもじったような「人間性の窓としての言語」という至極、納得のいくものなのだ。

私が今まで見てきたように、911陰謀には、実にこの人間性の窓が密接に結びついているのである。ピンカーに、その後のブッシュ政権のスタッフの面々が公式に発表した談話や、文書にある「人間性の窓＝言語」の虚偽を見破れないとは考えにくい。にもかかわらず、もしアルカイダ主犯説を支持する（というより、ごく自然に、当然に、受け入れている印象）とすれば、アメリカの病根はさらにいっそう深いと考えざるを得ないのである。

前章で名称だけは挙げたが、911以来アメリカでは「RGM」という新しい命名による洗脳技術がある。「グループ洗脳パラダイム」とも呼ばれるもので、個人的な洗脳というよりも、全人類の存亡を揺るがす巨大悪の芯となるような技術である。その根本原理は言語破壊だと私は考える。なぜなら人間の非人間化・ロボパスとは、とりもなおさず人間知性の破壊であり、思考の破壊であり、意味破壊であり、そのすべての根源に言語破壊があるからだ。

ペンタゴンを含め数棟のビルが全破壊・一部破壊された以上に、約三千人の人命が失われたこと以上に、またその延長として非道な侵略が行われ、無辜《むこ》の人間が大量に殺害されたこと以上に、しかもそれが、ごく一握りのファイナル・スーパー・パワーの人間を利するだけの行為だったこと以上に、この事件は全人類の尊厳を破壊し、いままでのあらゆる哲学の土壌から培った人間の英知、すなわち「意味を持つ言語」が人間に与える力を剥ぎ取ったのだ。

何を言っても仕方がない――、という観念は、まさに文字通り、言語への絶望を意味し、それはまた根底で、言語とは人間の英知の表象という信念を払拭させたということになる。ホモ・サピエンスとしての自負は失われたのだ。気づいている人間は少ないが！

コトバを作ることによって動物との区別をせっかくここまで、営々として築き、より神に近づくことを観念の頂点、理想として求めてきた人類の営為、すなわち言語の構築と意味の定着の営為が、見事不毛に帰したことの証明だったのである。

彼ら、ファイナル・パワーに対するどんな戦いも、非難も、告発も、言語では補いきれず、まったく無力だという証明がここにある。正論で埋め尽くされた何冊もの告発の書は、ただ虚しく特定の読者の書庫に眠るだけなのだ。

正論、正しい論、とは言語の力への信頼を意味する。言語の力こそ、《人間の条件》を作った根底条件だったからだ。

この「正論」も〝おすそ分け言語〟で、自前では日本人が生み出せなかった証拠であり、日本人には不向きな概念だ。英語では sound remarks または sound argument と言う。サウンドとは「健康な」が第一義である。日本に伝統的な正論の概念などあったためしはなかった。「論」を張ること自体が不健全だというのが日本を貫く一般社会通念だった。

911はこの点でも世界を日本社会化した。「言わぬが花」と、カナンの砂漠で説教するキリストの耳元で嗜《たしな》めるような世界が生まれたのだ。

正論の力が失われることは、邪論との識別が失われることでもある。

正邪の区別に意味性がなくなる。ゆえに911をめぐる思考は、今まで私の書いてきた諸問題を循環し、堂々めぐりの輪を作る。イーヴル、邪悪、極悪非道の定義すらできなくなる。神と悪魔は一体となり、結局人類の歴史とは最後の最後、たどり着いた結論がファイナル・スーパー・パワーの蹂躙だったということで終わる。今までのあらゆる人類の歴史は、ただその一点にのみへの道程だった。

人類が長い歴史を使い求め続けてきた「より幸福な人間の条件」というものが、いかに911によって破壊され、もはやなんら人間の理想は残されていないということ。せめてそれが大多数の人間に了解されているのならば、その上で絶望感に支配されているのならば、まだ救いはあるかもしれない。だが思考する前に「考えてもどうにもならない、言っても仕方がない、手の打ちようがない、事実何もその後変わらない、改善の兆候すらなく、ますますその道は固まっている」のであるならば、911は現在世界中の人間が認識している人類史のレベルとははるかに隔たった次元の問題だったのである。

それは人間が再び言語を失い動物の次元に退化したことよりも、もっと始末に負えない。なぜなら非人間化のレベルは、非動物化していない動物よりも下等な存在となるからだ。犬が犬性を失い、象が象性を失う地球を考えてみればいい。それだけでも想像を超える恐怖の光景だ。しかし、人間性を失った人間が地球を独占する光景は、それ以上の恐怖であり、完全な終末である。

二〇〇一年のあの時点と、その直後の数年は、アメリカ政府の公式な発表とまったく違う911の真実に対する個人の姿勢に人類の未来がかかっていた。人類に残された選択肢は、虚偽と真実に対応する個々の姿勢に委ねられていた。だが、それからワン・ディケード（十年）を目前にした現在の人間状況は、その姿勢の消滅と、なんらの軌道修正の道筋も見出せない無力さを示す以外の何物でもないのだ。

悪が悪化した。

哲学が死んだ時代の哲学

先ほど紹介したRGMとは、Regulating Group Mind（集団心理管理）の頭文字であり、その命名者、ジョン・マックマートゥリーは、いまや完全に一般アメリカ人に定着した思考回路を次のように表している。

――９１１以降のアメリカの軍事行動のすべては、

一、アメリカは世界の善と自由のために行動する。故に――、

二、そのアメリカに対峙するすべての存在は敵であり、邪悪である。故に――、

三、アメリカの自由と善は悪の敵に勝利し、世界を守らねばならない。故に――、

四、海外派遣されたアメリカ軍は自分たちと自由世界へ歯向かうものに対し究極の勝利を得なければならない。故に――、

五、アメリカは自由世界の最高司令官であり、上記の四点を実行するために不可欠な軍事行動力を持った海外派遣軍である。故に――、

六、アメリカはアメリカと自由世界を守るための信念において、いかなる犯罪行為も過ちも犯すものではない。

なんと幼児的に理路整然としていることだろう。

なんと、知ること無視、考えること無視、内言語無視、反省無視、論理根底の無視の連鎖だろう。出発点自体が逸《そ》れれば、それ以下のすべての思考は全部逸れるという言語幼児性の実証である。これは日本語の「味」より非言語的である。

人間が「我」という一人称を覚え、それによって動物から進化し、その後脈々と進んできた道は、マックス・ウェーヴァーが言う「悪魔が粉々にした価値で舗装した道」に他ならなかったのだろう。

非人間化した人間社会が、今後何世紀続こうが、それはもはや人間社会の存続を意味しない。

世界中が日本化した社会が千年続く未来は、地獄以上の光景である。

世界の日本化とは世界のあらゆる言語が「味語」化する社会であり、思考の喪失であり、「意味」の消滅した（「意」が「味」化した）社会である。

それをさらに明確に言えば、人類から哲学が失われた世界ということである。

カール・ヤスパースの最もわかりやすい哲学に対する解説を、もっとわかりやすく私の日本語に最重要点だけ移すと、次のようなことである。

ぜひ、ここだけでも読んでおいてほしい。

哲学とは、
＊科学のように進歩発展があるものではなく、その確実性を求めるものでもなく、人間が共に語り合って確認しあう過程のことである。
＊哲学とは、人間が「目覚める」ための試みである。
＊どんな人間でも、自分が人間であることを意識し、自分の運命や経験を意識すれば、誰でも参加できるものが哲学である。
＊哲学は、誰でも、人間である限り手にすることができるものである。ただし、他人に

教えてもらって覚えるものではなく、自分自身でトライするものである。
＊哲学は真理を自分のものにすることが目的ではなく、それを求める過程のことである。
＊哲学は人間同士の交わりである。
＊哲学は自分が人間となるために現実と関係を持ち、その現実に集中することである。
＊哲学の根源は、人間が森羅万象に持つ驚きと疑いから発するものである。徹底的な疑いが心の中に起きていない限り、哲学することは不可能である。
＊哲学の起源はそれぞれの人間が、自分自身の弱さと無力さを認めることであった。その自分の力の及ばないことを無関係だと思い、無関心になるならば、人間は哲学を失い、非人間化する。
＊世界の存在は頼りないものであり、信じられないことに満ちている。それらに疑問を持ち、考えない限り、人間は人間の価値を失う。
＊人間が人間同士助け合う動物だという考え方は欺瞞《ぎまん》であり、常に人間は孤独であり、平和には常に限界がある。故にどんな場合でも人間は自分独りで自分にとって確実なことを見出さなければならない。それが哲学することである。
＊人間が自分の挫折をどのように経験するかということが、その人間を決定する要点で

ある。
＊その個人的な困難と困惑の中から、目標を探り出すことが哲学である。
＊哲学することの要点は、次のものである。即ち、驚異と認識、懐疑と確実性、自己喪失と自己発見。

次にヤスパースの文章のまま、『哲学入門』（草薙正夫訳）で紹介しておく。

《今日までの歴史においては、親密な共同体や制度や普遍的精神などとして、人間と人間との自明的な結合が存在していたのであります。孤独な人間でさえもなお、彼の孤独においていわば支えられていたのです。ところが今日では、人々はますますお互いを理解しあわなくなってゆき、会っては去り、お互いに無関心であるということ、すなわち忠実さも共同性ももはや決して疑問なきものでもなければ、信頼できるものでもないということのうちに、崩壊が最もよく感知されるのであります》

また、現在の状況とは（ヤスパースの言葉を借りれば）、
＊常に一致の望みのない、服従か征服かのどちらかに終わる、最後の闘争だけが残る状

況である。

闘争と無抵抗、あるいは盲目的な追従と頑固な反抗。

そのどちらかしかない。

そのときにこそ、哲学が絶対不可欠な人間を救う手段となり、それ以外にない。

一番安易な（全人類日本人化の）姿勢は、アメリカ政府の虚偽を虚偽と知りつつも無視する姿勢だ。

最悪な姿勢は、虚偽を真実だと信じ続ける姿勢だ。

一番困難な姿勢は、真実を自分の力で自分自身に解明し、それを命を懸けて擁護し、虚偽と戦い続ける姿勢である。

だが、その戦いの成果は、たぶん何もないだろう。

そこでごく自然な姿勢は、無関心に徹し、個人の尊厳を放棄し、人間の人間としての存続、つまり今まで求めてきた一切の《人間の条件》を、あきらめる姿勢となる。

事実大部分の人類は現在この最後の姿勢を続け、いずれ一切合財を忘れ去り、次々に用意される巨大な災禍に立ち向かうだけで精一杯になるに違いない。

その結果、《彼ら》の究極の目的である人間の「非人間化」は、非常に近い将来、完璧に達成されるだろう。連綿と続いた人類の存在と歴史は終わり、まったく違った新しい存在形態と歴史が始まる。

９１１の概略的な〈意味〉は、そこにあった。

《彼ら》は《彼ら》だけの利益を求めている。

地球はすでに、人類全体・万人の利益をもたらすだけの資源的な条件を持ち合わせていないからだ。

かつて日本の歴史にもあった、そして世界中にあった「間引き」の合理化が行われる。それしか道がない自然な流れで、必ずしも《彼ら》は「犯罪」を犯しているわけではない。口減らしのために、親が実の子、生児を殺した人類の歴史には、必然性があったのだ。

現在われわれが近代的な意味で「経済」と呼んでいるシステムは、実に表面的なシステムで、特に資本主義などつい最近の「発明」であり、底の浅い、一時的で表層的なものでしかない。

どんな主義だろうと、ヘーソーイズムを例外にして、一時的なシステムなのであり、システムとは変更を前提にしている。

食糧をはじめとするあらゆる人間の生命を維持する実際的な資源がなくなれば、どんなシステムであろうが、経済も政治形態も無意味になる。人間はただ単に、今まで、その場しのぎの一時的な「知恵」を絞ってきただけで、経済学とか社会学などは毎日代わるテレビの番組のようなものだ。

そうした虚しさを人間は知っていたからこそ、あらゆる学問を超える学問として「哲学」を求めた。

だが「神が死んだ」時代とは、とりもなおさず「哲学が死んだ」時代なのである。ダーウィンの〈適者生存〉survival of the fittest は、哲学者であるハーバート・スペンサーの造語、命名だった。無論彼はこのダーウィンの進化論をポジティヴな意味で捉え、宇宙・生物・道徳・社会の人類全般の諸問題に総合的で有機的な進歩の法則を打ちたてようとした。つまり哲学と科学と宗教の合体・融合を夢見た。実際彼は森有礼にも大きな影響を与えている。

だが、近代からずっとこの方、《彼ら》と哲学者の関係はマッチ・ポンプだった。《彼ら》とて、悪夢のような因果応報的な悪循環を止めることはできなくなった。

そして現在があり、911があった。

単細胞思考では911は理解できない

誤解してはならないのは、《彼ら・ファイナル・スーパー・パワー・イルミナティ》とて人間の集団だという点である。

神のような無謬の陰謀などない。

やはり他の人間の営みと同じに試行錯誤、トライアル・アンド・エラーを繰り返してきている。実際《彼ら》の今までの陰謀の数々は、実に皮肉なことに、それが成功したからこそ、一層自分たちの首を絞める結果になっている。一極支配の搾取経済は、儲け優先経済は、思いのほか早く資源枯渇にたどり着いてしまった。

多くの911研究者（真摯な研究者）たちは、なぜこれほど馬鹿げたほどにミエミエで、幼稚な陰謀行動を《彼ら》が起こしたかを不思議がっている。

あまりにも計画がお粗末で、その隠蔽策は、粗雑稚拙なのだ。たとえばデヴィッド・レイ・グリフィンの労作は『911事件は陰謀か』という邦題で翻訳されているが（『*The New Pearl Harbor=Disturbing Questions about the Bush Administration and 9/11*』）、その中でも、あまりにも見え透いた嘘、ありえない偶然的条件を三十八項目にまとめている。どれもヤラセ・バレバレの行動を裏付ける。よくも《彼ら》は、これほど人間を見くびったものだと思わせる。同じ陰謀でも、もう少しバレにくい手はあったはずだ、と。

だが私は、《彼ら》も同じ人間だということで、この矛盾は解けると思う。

《彼ら》も相当あわてているのだ。

それほど人類滅亡のタイムリミットは緊迫し、差し迫った状態に立ち至っている。つまり計算違いが、《彼ら》の巨大な長期計画の中にあったのだ。うかうかしていると、自分で自分の首を絞めるような計算ミスが進み、政治的一極支配とか、経済的独占システムとかいう前に、自分たちをも巻き込む終末が迫ったのだ。

とりあえず、この巨大システムの軌道修正をするには、終わりのない戦争状態をもっと徹底的に定着させなければならない。対ヒットラーにしても、対ジャップにしても、対共産主義にしても、ケリが早くつきすぎた。こんな一時しのぎの戦争ではもうどうしようもない。特にソ連崩壊ロシア誕生は、大きな計算違いだった。最も巨大な「仮想敵」「敵想定」を失ってしまった。北朝鮮など、いくら「悪の枢軸」呼ばわりしても小粒すぎ、今までどおりの陰謀続行要因には不適格である。

では、最後の望みの綱、中国はどうかといえば、これは他の要因で生かしておかなければならない。今後の経済は中国が握り、いまや世界の貴重品となった消費人口を持っている。今までは豚の一匹だったが、これからの利用価値は膨大だ。金の卵を産む鶏となった彼らを仮想敵として戦争ムードを盛り上げるには、大きなマイナスがある。

未来永劫、終わりのない戦争相手は、テロである。

テロのイメージさえ浸透させておけば、一日一億円の軍需費の名目はつき、さらに増額も夢ではない。テロほど便利なものはない。何しろ正体不明、相手国の名指しもいらない。幽霊相手の戦争と変わりない。どこにもいるし、どこにもいない。治安維持の名目で、あらゆる規制は容易になる。盗聴、証拠なしの身柄拘束、弁護士を持つ権利の否定、等々、要するに「愛国法」の成立であり、日本を筆頭にした友好国（と勝手に称する）への圧力、出資強要、法律改正（日本国憲法）、奴隷ロボット化の促進、等々、どれも実に容易になった。

資源面から見れば、あと半世紀の間に、世界の人口の半分は殺してしまわなくては間に合わなくなる。

経済面から見れば、無知で太った豚をもう少し「養豚」しなくてはならない。

政治面から見れば、「ヘーソーイズム」「ネオ・ネオ・ナチズム」「慢性ロボット症候群」を早急に浸透させねばならない。

どれも一刻の猶予もない。

急げ！　多少の粗製乱造的な陰謀も、この際許す、「皇国（イルミナティ）の興廃、この一戦にあり、各マスメディア、一層奮励努力せよ！」と、Z旗を掲げた至上命令がブッシュたちに下った。ただ日本海海戦と違った点は、ゼット旗の代わりに、ジェット機になった。（お粗末の一席）。

そして――、911が起きた。


以上の私のヨミは、学んだのではなく、知ったのだ。

勉強したのではなく、考えたのだ。

正しい結論だと自信がある。

それ以外に、あの世にもばかばかしい、ほかに無意味な、キチガイ沙汰の、バレバレの、粗製乱造な事件は考えられないのである。

一九六三年に、ケネディ暗殺を公式に調査報告する目的で結成されたウォーレン調査委員会で、スタッフ・ディレクターに国務長官アレン・ダレスが選ばれた。後にこれほど嘘に満ち溢れ、杜撰《ずさん》の見本のような「デタラメ・バレバレ報告書」を、どうして提出できたのかと訊かれ、彼は答えた。「どうせアメリカ人は読まんよ」。

911もまったく同じである。

この事件の核心ほど、単一の思考力（単細胞思考）で理解しえない出来事はないだろう。言ってみれば白人種のあらゆる「業」が結晶している。

その中でも特に知らねばならず、考えねばならぬものは「悪」（evil）についての長い歴史だ。それに対する書物も、日本にはほとんどないが、白人社会には数え切れないほど出ている。それを読んだ上でどう考えてみても、はっきり言えることは、彼らの「イーヴル」と日本人の「悪」とは根本の概念がまったく違うことだ。無論暴論に近くなるかもしれないが、突き詰めて突き詰めて考えれば、彼らにとっての悪は自分以外の他者が持つものなのだ。根底に眠る理論は「自分は（常に）人を殺すことができる、だから自分は（常に）殺される（可能性がある）」となる。この前段階の前提は善であり、その結果の想定の対象が悪となる。

私の調べた限り、ジェームス・フェッツァー（James H. Fetzer）が編集したアメリカの識者たちの911に関する意見書集『*The 9/11 Conspiracy=The scamming of America*』はまだ翻訳されていない。その中でも、ジョン・マックマートリー（John McMurtry）の書いた『*Explaining the Inexplicable; Anatomy of an Atrocity*』〈説明不能なことへの説明=極悪非道の分析〉は、特に日本人に必読の要がある。もし本当にまだ翻訳されていないならば、ぜひ成甲書房から出してほしいものだ。

ここにはアメリカ人の善悪への反応が見事に分析されているのだが、これほど単純で幼児的で自分勝手な精神構造もないというなるほどの代物だ。一言で言えば、全部相手が悪いのだから、それに対抗する自分たちの極悪非道は、すべて善である、という発想である。ただでさえそのように考える白人（アメリカ人）を、さらに一層固定化する手段として、911ほど効果的なヤラセはなかったのだ。今後のあらゆるアメリカ人のなす極悪非道に対する免罪符が、まさに神自身から与えられたのである。

さらにマックマートリーの論文の白眉は、先ほどから付言している「RGM」というパラダイムを作り上げていることだ。

この場合の構造（パラダイム）は、言ってみれば「進歩拡大する陰謀科学革命構造」とでも訳せる。これは The Regulating Group-Mind の頭文字であるが、マインドコントロール、洗脳技術をさらに進化させた構造である。マインドコントロールがどちらかといえば、個人を対象目的にした技術だったのに対し、RGMはあくまでグループ、各ソサイアティー、階級、層、から、国家、世界にまで及ぶ複数一致の「調整」「統制」を意味する。考え方、判断力の「グループ統一テクニック」が、恐ろしいほどに進歩している。たとえば事実に反する証拠を無意味化し、締め出す方法。そのための欺きテクニックを見破るあらゆる手段を払拭する手段。

彼らはこのパラダイムを911によって実験し、確立させたのである。

これほど多くの世界中の識者、信頼のおける学者・研究者が、911の虚偽性を暴いていながら、なぜその事実である結論が、一般に浸透し、それなりの反応が起きていないのか。その答えが、このRGM構造の成果と定着だとするのである。

自分は殺されるという悪に直面している、なぜなら、自分が殺すことができるからだ。これほど確かな証明もない。自分が殺されるという悪に対抗するには、先に相手を殺すという善を発揮するしかない。アラブ、イラク侵攻はその善である。ヴェトナムも同じだった。キューバも同じだった。朝鮮も同じだった。第二次大戦も同じだった。しかしこの善は一時的なもので、長期的善にはならなかった。巨大な悪には巨大な悪のみが善になる。

巨大な悪はテロであり、巨大な善は対テロ・エンドレス戦争である。
テロ様さま。
テロテロボーズ、テロボーズ、あーした爆撃しておくれ……。
お粗末の、一席。

書き終える前に

一応ここで書き終えたことにするのだが、少しも、まったく書き終えた気がしていない。充足感も、満足感も、使命を果たしたという気分も、どんな些細な喜びもない。書いている内容が内容だから、当然と言えば当然な反応なのかもしれない。ひたすら虚しく、ひたすら死期を予感している。悲しみが私の身体に充満している。いたるところに病がある。哲学黒死病である。

あまりにも明白な預言は預言にはならず、当然預言者の姿はどこにもない。旧約聖書も新約聖書も、コーランも、その他いかなる預言も消え去った。無機物な科学が、意味のない解答を計算している。無意味な解答が充満している。変化を停止した思考が意味を消し去った。驚きと疑惑は、音に跳び上がるネズミ、異臭に鼻を鳴らす狸よりもその質を低下させた。便利さだけが唯一の価値観となり、思考の便利化が究極の段階にまで発展した。人間のあらゆる行動は、精神的なものから肉体的なものまですべてを網羅して、コンビニが扱うシステムに統一された。一切の支払いは、人間の巨大な罪悪、無知、反省を含め、コンビニで一括処理できるようになった。哲学はカード化され、有効期限が定められ、更新のたびに非人格化がチェックされる。少しでも人間性が残っていれば、その銀行残高は自動的に抹消される。哲学カードは有効性を失う。

まるで何も書かなかったような、ここからペンを握らねばならぬような焦燥感と無力感が私を支配している。私は這い進んでいる。周囲に銃弾が炸裂している。仲間の死体がその匍匐《ほふく》前進する密生した茂みの中に散乱している。自分の持つ武器にも、死体が抱えている銃にも、弾丸はつき、弾倉は空っぽである。身体が重い。失血は止まらない。調べれば調べるほど森有礼の資料は少ない。彼の戦いは、福沢諭吉の『脱亜論』の降伏文書でその意義も、意味も、価値も、記憶も失われている。ミズリー号甲板での降伏文書調印が、すべての勇士の死を無意味化した過程と同じである。無思考敗北と無意味敗北の調印だった。

私はそれを拒絶する。匍匐前進を続け、空の銃の照準を定める。だが、目が翳んでいる。呼吸が荒い。敵の戦車の近づく轟音が耳を圧する。どこかに敵の戦略ミスがあるはずだ。

目を閉じると、過去の光景の断片が、脈絡なく、走馬灯のように浮かんでは消えていく。突然、発作のように、私は小声で歌いだす。W・E・ブラウンの作詞・作曲、プレスリーの愛唱歌、*If I Can Dream* である。

There must be light burning brighter somewhere,
Got to be birds flying higher in the sky more blue,
If I can dream of a better land where all my brothers walk hand in hand,
Tell me why, oh why, oh why can't my dreams come true?
Oh why there must be peace and understanding sometime,
Strong winds of promise that will blow away the doubt and fear,
If I can dream of a warmer sun where hope keeps shining on every one,
Tell me why, oh why, oh why won't that sun appear?
We're lost in a cloud with too much rain,
We're trapped in a world that's troubled with pain,
But as long as a man has the strength to dream,

He can redeem his soul and his life.
Deep in my heart there's a tremblin' question,
Still I am sure that the answer's gonna come somehow,
Out there in the dark there's a beconing candle,
And where I can think while I can talk,
While I can stand,
While I can walk,
While I can dream feelin' my dream come true right now!

これだけの「意味」を、これだけの少ない音符の数に当てることは、日本語では決してできない。だから死を目前にした私が歌える歌に、日本語の歌詞のついた歌はない。銃弾が心臓を貫く前に、これだけの意味を歌いきりたい。これだけの祈りを歌いたい。だから森有礼のように英語で歌う。たとえその英語も意味を失いつつあろうとも。

プレスリーのゴスペルを聞いたことのない世代が増えた。彼には祈りがあった。彼はただのバカではなかった。イルミナティの手先だったビートルズとは雲泥の差だ。飛来する弾は周囲で唸り続けている。新しい血が体中から吹き出ている。

だが私は歌い続けよう。
たった一つの歌でいいのだ。
それを歌い続ければいいのだ。

世界中の人が、911が極悪非道な「嘘」の塊であることを知るだけでいいのだ。それだけでも世界は変わり、希望が生まれる。いかにそれが夢のまた夢に過ぎなくとも、右に引用した歌のように、何度も、何度も「なぜ」という言葉を繰り返せば、人の耳に届くかもしれない。

大切なことは、このリフレインを忘れないことだ。日本語には完全に移しかえられなくとも、右の歌詞にこめられている私の祈り、私の歌、私の夢、私の魂を意訳してみよう。そしてもしあなたも希望を持ってくれるのならば、原詩と訳を比べてほしい。一人称、人称代名詞、主語感覚が、いかに今、日本人に不可欠かを感じ取ってほしいのだ。

どこかにもっと明るい炎が燃えているはずだ
もっと青い空に、もっと高く飛ぶ鳥がいるはずだ
もしすべての人間が手に手をとって

より素晴らしい世界を進むことを夢見ることができるなら
なぜ、教えてほしい、ああ、なぜ、
それが実現できないのか
いつかかならず平和と理解があるはずだ
疑いと恐怖を吹き散らす強い誓いの風が吹くはずだ
希望の光がすべての人を輝かせる暖かい太陽を夢見るならば
教えてほしい、なぜ、ああ、なぜその太陽は現れないのだ
わたしたちは大きな雨雲の中に道を失った
わたしたちは苦痛の混乱に巻き込まれてしまった
でも、もし人間が夢見る力を持ち続けることができるなら
人はその魂とその命を取り戻すことができるはずだ
私の心の奥底に打ち震える問いがある
その答えは必ずみつかる確信がある、なんらかの方法で
どこか暗闇の中に道を指し示す蝋燭《ろうそく》の明かりが燈っている
そして人と話をしながら考えるとき、

立ち止まるとき、また歩き出すとき、
夢見るとき、
今すぐにもその夢が実現するのを感じるのだ

◉著者について

林 秀彦（はやし ひでひこ）

1934（昭和9）年東京生まれ。学習院高等科より1955〜61年、独ザール大学、仏モンプリエ大学に学ぶ。哲学専攻。柔道師範。松山善三氏に師事してテレビ・映画脚本家として活躍。「鳩子の海」「ただいま11人」「若者たち」「七人の刑事」など作品多数。1988年よりオーストラリアに移住。2005年、18年ぶりに帰国、九州・大分の山中に住まう。著書には『この国の終わり』『日本人はこうして奴隷になった』（小社刊）、『ジャパン、ザ・ビューティフル』（中央公論社）、『日本を捨てて、日本を知った』『「みだら」の構造』『失われた日本語、失われた日本』（以上草思社）、『ココロをなくした日本人』（毎日新聞社）、『老人と棕櫚の木』『苟も日本人なら知っておくべき教養語』『日本の軍歌は芸術作品である』（以上ＰＨＰ研究所）等多数がある。

911《きゅういちいち》・考《かんが》えない・日本人《にほんじん》

◉著者
林《はやし》 秀彦《ひでひこ》

◉発行日
初版第1刷　2008年9月20日

◉発行者
田中亮介

◉発行所
株式会社 成甲書房

郵便番号101-0051
東京都千代田区神田神保町1-42
振替 00160-9-85784
電話 03(3295)1687
E-MAIL　mail@seikoshobo.co.jp
URL　http://www.seikoshobo.co.jp

◉印刷・製本
中央精版印刷株式会社

Printed in Japan, 2008
ISBN978-4-88086-236-1

本体価はカバーに、
税込価は定価カードに表示してあります。
乱丁・落丁がございましたら、
お手数ですが小社までお送りください。
送料小社負担にてお取り替えいたします。